Entre a fé e a fraqueza
Reino de Judá

COLEÇÃO BÍBLIA EM COMUNIDADE

PRIMEIRA SÉRIE – VISÃO GLOBAL DA BÍBLIA

1. Bíblia, comunicação entre Deus e o povo – Informações gerais
2. Terras bíblicas: encontro de Deus com a humanidade – Terra do povo da Bíblia
3. O povo da Bíblia narra suas origens – Formação do povo
4. As famílias se organizam em busca da sobrevivência – Período tribal
5. O alto preço da prosperidade – Monarquia unida em Israel
6. Em busca de vida, o povo muda a história – Reino de Israel
7. Entre a fé e a fraqueza – Reino de Judá
8. Deus também estava lá – Exílio na Babilônia
9. A comunidade renasce ao redor da Palavra – Período persa
10. Fé bíblica: uma chama brilha no vendaval – Período greco-helenista
11. Sabedoria na resistência – Período romano
12. O eterno entra na história – A terra de Israel no tempo de Jesus
13. A fé nasce e é vivida em comunidade – Comunidades cristãs na terra de Israel
14. Em Jesus, Deus comunica-se com o povo – Comunidades cristãs na diáspora
15. Caminhamos na história de Deus – Comunidades cristãs e sua organização

SEGUNDA SÉRIE – TEOLOGIAS BÍBLICAS

1. Deus ouve o clamor do povo (Teologia do êxodo)
2. Vós sereis o meu povo e eu serei o vosso Deus (Teologia da aliança)
3. Iniciativa de Deus e corresponsabilidade humana (Teologia da graça)
4. O Senhor está neste lugar e eu não sabia (Teologia da presença)
5. Profetas e profetisas na Bíblia (Teologia profética)
6. O Sentido oblativo da vida (Teologia sacerdotal)
7. Faça de sua casa um lugar de encontro de sábios (Teologia sapiencial)
8. Grava-me como selo sobre teu coração (Teologia bíblica feminista)
9. Teologia rabínica (em preparação)
10. Paulo, apóstolo de Jesus Cristo pela vontade de Deus (Teologia paulina)
11. Compaixão, cruz e esperança (Teologia de Marcos)
12. Lucas e Atos: uma teologia da história (Teologia lucana)
13. Ide e fazei discípulos meus todos os povos (Teologia de Mateus)
14. Teologia joanina (em preparação)
15. Eis que faço novas todas as coisas (Teologia apocalíptica)
16. As origens apócrifas do cristianismo (Teologia apócrifa)
17. Teologia da Comunicação (em preparação)
18. Minha alma tem sede de Deus (Teologia da espiritualidade bíblica)

TERCEIRA SÉRIE – BÍBLIA COMO LITERATURA

1. Bíblia e Linguagem: contribuições dos estudos literários (em preparação)
2. Introdução às formas literárias no Primeiro Testamento (em preparação)
3. Introdução às formas literárias no Segundo Testamento (em preparação)
4. Introdução ao estudo das Leis na Bíblia
5. Introdução à análise poética de textos bíblicos
6. Introdução à Exegese patrística na Bíblia (em preparação)
7. Método histórico-crítico (em preparação)
8. Análise narrativa da Bíblia
9. Método retórico e outras abordagens (em preparação)

QUARTA SÉRIE – RECURSOS PEDAGÓGICOS

1. O estudo da Bíblia em dinâmicas – Aprofundamento da Visão Global da Bíblia
2. Aprofundamento das teologias bíblicas (em preparação)
3. Aprofundamento da Bíblia como Literatura (em preparação)
4. Pedagogia bíblica
   4.1. Primeira infância: E Deus viu que tudo era bom
   4.2. Segundo Infância (em preparação)
   4.3. Pré-adolescência (em preparação)
   4.4. Adolescência (em preparação)
   4.5. Juventude (em preparação)
5. Modelo de ajuda (em preparação)
6. Mapas e temas bíblicos (em preparação)
7. Metodologia de estudo e pesquisa (em preparação)

Serviço de Animação Bíblica - SAB

Entre a fé e a fraqueza

Reino de Judá
(Aprox. 931-587/6 a.E.C.)

6ª edição – 2013
5ª reimpressão – 2021

Dados Internacionais de Catalogação na Publicação (CIP) (Câmara Brasileira do Livro, SP, Brasil)

> Entre a fé e a fraqueza : Reino de Judá (aprox. 931-587/6 a.E.C.) / elaboração do texto Paulo Sérgio Soares, Equipe do SAB. – 6. ed. – São Paulo : Paulinas, 2013.
> – (Coleção Bíblia em comunidade. Série visão global ; v. 7)
>
> ISBN 978-85-356-3637-6
>
> 1. Bíblia - Estudo e ensino 2. Bíblia. A.T. - História 3. Judeus - História 4. Povo de Deus - Ensino bíblico I. Soares, Paulo Sérgio. II. Serviço de Animação Bíblica - SAB. III. Série.
>
> 13-09985   CDD-220.95

Índice para catálogo sistemático:
1. Povo de Deus : Bíblia : História   220.95

Elaboração do texto: *Paulo Sérgio Soares e Equipe do SAB*
Assessores bíblicos: *Jacil Rodrigues de Brito, José Raimundo Oliva, Valmor da Silva, Romi Auth*
Cartografia: *Prof. Dr. José Flávio Morais Castro, do Departamento de Planejamento Territorial e Geoprocessamento do IGCE – UNESP*
Metodologia: *Maria Inês Carniato*
Ilustrações: *Roberto Melo*
Citações bíblicas: *Bíblia de Jerusalém, São Paulo, Paulus, 1985*

Gratidão especial às pessoas que colaboraram, com suas experiências, sugestões e críticas, para a elaboração e apresentação final do projeto "Bíblia em comunidade" na forma de livro e transparências para retroprojetor.

SAB – Serviço de Animação Bíblica
Av. Afonso Pena, 2142 – Bairro Funcionários
30130-007 – Belo Horizonte – MG
Tel.: (31) 3269-3737
Fax: (31) 3269-3729
E-mail: sab@paulinas.com.br

Paulinas
Rua Dona Inácia Uchoa, 62 – Vila Mariana
04110-020 – São Paulo – SP (Brasil)
Tel.: (11) 2125-3500
http://www.paulinas.com.br – editora@paulinas.com.br
Telemarketing e SAC: 0800-7010081

©Pia Sociedade Filhas de São Paulo – São Paulo, 2001

Apresentação

Os volumes da coleção "Bíblia em comunidade" têm o objetivo de acompanhar os que desejam entrar em comunicação e comunhão com Deus por meio da Bíblia, trazendo-a para o centro de sua vida e da comunidade.

Muitas pessoas — e talvez você — têm a Bíblia e a colocam num lugar de destaque em sua casa; outras fazem dela o livro de cabeceira; outras, ainda, a leem engajadas na caminhada de fé de sua Igreja, seguindo sua orientação. Muitas, ao lê-la, sentem dificuldade de entendê-la e a consideram misteriosa, complicada, difícil. Algumas das passagens até despertam medo. Por isso, a leitura, o estudo, a reflexão, a partilha e a oração ajudam a despertar maior interesse nas pessoas; na leitura diária elas descobrem a Palavra como força que as leva a ver a realidade com olhos novos e a transformá-la. O conhecimento, a libertação, o amor, a oração e a vida nova que percebem ao longo da caminhada são realizações de Deus com sua presença e ação.

Esta coleção oferece um estudo progressivo em quatro séries. A primeira, "Visão global", traz as grandes etapas da história do povo da Bíblia: a terra, a região, a cultura, os personagens, as narrativas que falam das grandes etapas da história do povo que a escreveu para mostrar a relação de amor que se estabeleceu entre ele e Deus. À medida que nós vamos conhecendo a origem e a história do povo, percebemos que a Bíblia retrata a experiência de pessoas como nós, que descobriram a presença de Deus no cotidiano de sua vida e no da comunidade, e assim deram novo sentido aos acontecimentos e à história.

"Teologias bíblicas" são o assunto da segunda série, que estuda aquilo que o povo da Bíblia considerou essencial em sua comunicação com Deus. As grandes experiências de fé foram sempre contadas, revividas e celebradas nos momentos mais importantes da história e ao longo das gerações. O povo foi entendendo progressivamente quem era Deus na multiplicidade de suas manifestações, especialmente nas situações difíceis de sua história.

O título da terceira série é "Bíblia como literatura". Nela são retomados os textos bíblicos de épocas, lugares, contextos sociais, culturais e religiosos diferentes. Vamos estudar, por meio dos diversos gêneros literários, a mensagem, a interpretação e o sentido que eles tiveram para o povo da Bíblia e que nós podemos descobrir hoje. Cada um deles expressa, de forma literária e orante, a experiência de fé que o povo fez em determinadas situações concretas. Os tempos de hoje têm muitas semelhanças com os tempos bíblicos. Embora não possamos transpor as situações do presente para as da época bíblica, pois os tempos são outros, o conhecimento da situação em que os escritos nasceram ajuda-nos a reler nossa realidade com os mesmos olhos de fé.

Por fim, a quarta série, "Recursos Pedagógicos", traz ferramentas metodológicas importantes para auxiliar no estudo e aprofundamento do conteúdo que é oferecido nas três séries: Visão Global da Bíblia, Teologias Bíblicas e Bíblia como Literatura. Esta série ajuda, igualmente, na aplicação de uma Metodologia de Estudo e Pesquisa da Bíblia; na Pedagogia Bíblica usada para trabalhar a Bíblia com crianças, pré-adolescentes, adolescentes e jovens; na Relação de Ajuda para desenvolver as habilidades de multiplicador e multiplicadora da Palavra, no meio onde vive e atua.

A coleção "Bíblia em comunidade" quer acompanhar você na aventura de abrir, ler e conhecer a Bíblia e, por meio dela, encontrar-se com o Deus Vivo. Ele continua, hoje, sua comunicação em nossa história e com cada um(a) de nós. Mas, para conhecê-lo profundamente, é preciso deixar que a luz que nasce da Bíblia ilumine o contexto de nossa vida e de nossa comunidade.

Este e os demais subsídios da coleção "Bíblia em comunidade" foram pensados e preparados para pessoas e grupos interessados em fazer a experiência da revelação de Deus na história e em acompanhar outras pessoas nessa caminhada. O importante neste estudo é percebermos a vida que se reflete nos textos bíblicos, os quais foram vida para nossos antepassados e podem ser vida para nós. Sendo assim, as ciências, a pesquisa, a reflexão sobre a história e os fatos podem nos ajudar a não cair numa leitura fundamentalista, libertando-nos de todos os "ismos" — fundamentalismos, fanatismos, literalismos, proselitismos, exclusivismos, egoísmos... — e colocando-nos numa posição de abertura ao inesgotável tesouro de nossas tradições milenares. A mensagem bíblica é vida, e nossa intenção primeira é evidenciar e ajudar a tornar possível essa vida.

Vamos fazer juntos essa caminhada!

Equipe do SAB

Metodologia

Para facilitar a compreensão e a assimilação da mensagem, a coleção "Bíblia em comunidade" segue uma metodologia integral, que descrevemos a seguir.

Motivação

"Tira as sandálias" diz Deus a Moisés, quando o chama para junto de si para conversar (Ex 3,5). Aproximar-se da Bíblia de pés descalços, como as crianças gostam de andar, é entrar nela e senti-la com todo o ser, permitindo que Deus envolva nossa capacidade de compreender, sentir, amar e agir.

Para entrar em contato com o Deus da Bíblia, é indispensável "tornar-se" criança. É preciso "tirar as sandálias", despojar-se do supérfluo e sentir-se totalmente pessoa, chamada por Deus pelo nome, para se aproximar dele, reconhecê-lo como nosso *Go'el*, nosso Resgatador, e ouvi-lo falar em linguagem humana. A comunicação humana é anterior aos idiomas e às culturas. Para se comunicar, todo ser humano utiliza, ainda que inconscientemente, a linguagem simbólica que traz dentro de si, a qual independe de idade, cultura, condição social, gênero ou interesse. É a linguagem chamada primordial, isto é, primeira: a imagem, a cor, o ritmo, a música, o movimento, o gesto, o afeto, enfim, a experiência.

A escrita, a leitura e a reflexão são como as sandálias e o bastão de Moisés: podem ajudar na caminhada até Deus, mas, quando se ouve a voz dele chamando para conversar, não se leva nada. Vai-se só, isto é, sem preconceitos nem resistências: "como criança", de pés descalços.

Sintonia integral com a Bíblia

O estudo da Bíblia exige uma metodologia integral, que envolva não só a inteligência, mas também o coração, a liberdade e a comunidade.

Com a inteligência, pode-se conhecer a experiência do povo da Bíblia:
- descobrir o conteúdo da Bíblia;
- conhecer o processo de sua formação;
- compreender a teologia e a antropologia que ela revela.

Com o coração, é possível reviver essa experiência:
- entrar na história da Bíblia, relendo a história pessoal e a comunitária à luz de Deus;
- realizar a partilha reverente e afetiva da história;
- deixar que a linguagem humana mais profunda aflore e expresse a vida e a fé.

Com a liberdade, a pessoa pode assumir atitudes novas:
- deixar-se iluminar e transformar pela força da Bíblia;
- viver atitudes libertadoras e transformadoras;
- fazer da própria vida um testemunho da Palavra de Deus.

Com a comunidade, podemos construir o projeto de Deus:
- iluminar as diversas situações da vida;
- compartilhar as lutas e os sonhos do povo;
- comprometer-se com a transformação da realidade.

Pressupostos da metodologia integral

Quanto aos recursos:
- os que são utilizados com crianças são igualmente eficazes com adultos, desde que estes aceitem "tornar-se crianças";
- incentivam o despojamento, a simplicidade e o resgate dos valores esquecidos na vida da maioria dos adultos. As duas expressões elementares da linguagem humana primordial são imagem-cor, movimento-ritmo. Todo recurso metodológico que partir desses elementos encontra sintonia e pode se tornar eficaz.

Quanto à experiência proposta:
A metodologia integral propõe que o conhecimento seja construído não só por meio do contato com o texto escrito, mas também da atualização da experiência. Para isso é indispensável:
- a memória partilhada e reverente da história, do conhecimento e da experiência de cada um dos participantes;
- despojamento de preconceitos, a superação de barreiras e o engajamento nas atividades alternativas sugeridas, como encenações, danças, cantos, artes.

Recursos metodológicos

Para que a metodologia integral possa ser utilizada, a coleção "Bíblia em comunidade" propõe os seguintes recursos metodológicos:

a) Livros

Os livros da coleção trazem, além do conteúdo para estudo, as sugestões de metodologia de trabalho com os temas em foco. Podem ser utilizados de várias formas: em comunidade ou em grupo, em família ou individualmente.

1. Partilha comunitária

Pode reunir-se um grupo de pessoas, lideradas por alguém que tenha capacitação para monitorar a construção comunitária da experiência, a partir da proposta dos livros.

2. Herança da fé na família

Os livros podem ser utilizados na família. Adultos, jovens, adolescentes e crianças podem fazer a experiência sistemática de partilha da herança da fé, seguindo a metodologia sugerida nas reuniões, como se faz na catequese familiar.

Na modalidade de estudo em comunidade, em grupo ou em família existem ainda duas opções:

- *Quando todos possuem o livro*. O conteúdo deve ser lido por todos, antes da reunião; nela se faz o mutirão da memória do que foi lido e o(a) líder coordena a síntese; depois se realiza o roteiro previsto nas sugestões metodológicas para o estudo do tema.
- *Quando só o(a) líder tem o livro*. Fica a cargo do(a) líder a prévia leitura e síntese do conteúdo, que será exposto ao grupo. Passa-se a seguir ao roteiro previsto nas sugestões metodológicas para o estudo do tema.

3. Estudo pessoal dos livros

Embora a coleção dê ênfase ao estudo da Bíblia em comunidade, os livros podem ser utilizados também por pessoas que prefiram conhecê-la e estudá-la individualmente, seguindo os vários temas tratados.

b) Recursos visuais

Para que se realize a metodologia integral, são indispensáveis mapas, painéis e ilustrações, indicados nos roteiros de estudo dos temas, sempre que necessário. Os recursos seguem alguns critérios práticos:

- os mapas se encontram nos livros, para que as pessoas possam colori-los e visualizá-los;
- esses mapas foram reproduzidos em transparências para retroprojetor;
- outros recursos sugeridos nos roteiros podem ser produzidos segundo a criatividade do grupo.

Roteiro para o estudo dos temas

Os encontros para o estudo dos temas seguem um roteiro básico composto de quatro momentos significativos. Cada momento pode ter variantes, como também a sequência dos momentos e os recursos neles usados nem sempre são os mesmos. Os quatro momentos são:

1. *Oração*: conforme a criatividade do grupo.
2. *Mutirão da memória*: para compor a síntese do conteúdo já lido por todos ou para ouvir a exposição feita pelo(a) líder.
3. *Partilha afetiva*: memória e partilha de experiências pessoais que ilustrem os temas bíblicos que estão sendo trabalhados.
4. *Sintonia com a Bíblia*: leitura dos textos indicados, diálogo e síntese da experiência de estudar o tema e sua ressonância em nossa realidade. Cabe ao(à) líder mostrar os pontos essenciais do conteúdo.

Quanto ao desenvolvimento, pode ser assessorado por equipes: de animação, de espiritualidade, de organização.

Cursos de capacitação de agentes para a pastoral bíblica

O Serviço de Animação Bíblica (SAB) oferece cursos de capacitação de agentes que desejam colaborar na formação bíblica em suas comunidades, paróquias e dioceses. Os cursos oferecem o aprofundamento dos temas a partir da coleção "Bíblia em comunidade" e a realização de atividades que possibilitem uma análise de conteúdos a partir das diversas linguagens de comunicação, como: vídeo, teatro, métodos de leitura bíblica e outros.

Introdução

Este é o sétimo volume da série "Visão global", que faz parte da coleção "Bíblia em comunidade". Os três blocos temáticos deste sétimo volume falam do reino do Sul, de seus reis e profetas, e da formação de muitos livros bíblicos, que nasceram da experiência de fé no Deus da vida, feita pelos profetas e por seus seguidores.

"A religião manipulada a serviço do poder" estuda as instituições do reino do Sul: a cidade de Jerusalém, o Templo e a Arca da Aliança, e mostra como os reis e o povo estavam seguros da prosperidade, porque Deus estava no meio deles. No entanto, essa segurança afastou muitos da fidelidade a Deus, e a religião passou a ser uma simples fachada, que acabou trazendo a corrupção e a desgraça.

O segundo tema, "Na descoberta da Palavra de Deus, a alegria da vida nova" mostra como, após muitos anos de esquecimento da Aliança e de injustiças e desigualdades, o rei e o povo releram o livro da Aliança que há muito havia sido esquecido no Templo. O impacto causado pela leitura levou a uma renovação da sinceridade da fé, e iniciou-se uma transformação no reino, que, porém, durou pouco, por causa da morte precoce do rei Josias.

"Deus assume como sua a palavra daqueles que testemunham a Aliança" aborda a mensagem dos profetas do Sul e a forma como cada um deles leu, a partir da fé, o momento histórico no qual o povo vivia. Os escritos dos profetas e o modo como eles viam a realidade tornou-se palavra de vida, Palavra de Deus.

Com este volume, você experimentará o testemunho fascinante dos profetas e verá que é possível descobrir a comunicação transformadora de Deus, mesmo em meio às contradições tanto dos tempos bíblicos como dos atuais.

1º tema
A religião manipulada a serviço do poder

Visão Global 7

Em Judá e no Brasil, e em todos os países, as instituições, como o rei e o templo, o Estado e a religião, devem garantir o bem-estar do povo. Há um compromisso ético que não pode ser esquecido por nenhuma das partes. Ambas as instituições estão a serviço do projeto de sociedade desejado por Deus, baseado na ética, na justiça e no bem comum. Houve fidelidade a esse projeto?

Retomando o caminho feito

Por volta de 931 a.E.C., as dez tribos do Norte se revoltaram contra o regime extremamente opressor decretado pelo filho de Salomão, formando o reino de Israel (Cf. Em busca da vida, o povo muda a história – da série Visão Global da Bíblia, volume 6). O domínio da dinastia davídica reduziu-se ao território de Judá, com a parte da antiga tribo de Benjamim, que lhe era vizinha. Esse reino situado ao sul, passou para história com o nome de Judá.[1]

Já vimos os motivos que levaram à bipartição do reino de Salomão. Convém lembrar somente este detalhe: o cisma político foi causado por discordâncias do sistema de governo. As tribos do Norte, penalizadas com os tributos no regime de Salomão, reivindicavam um sistema mais igualitário e menos opressor. A falta de experiência política de Roboão, anunciando um governo ainda mais duro e recusando-se a atender as reivindicações do povo do Norte, provocou a revolta e consolidou a dissidência entre as duas regiões. Surgiram, então, os dois reinos.

Depois do cisma político, veio o cisma religioso: o Norte organizou seu próprio sistema religioso, inicialmente fiel ao Senhor, mas fazendo concessões cada vez mais perigosas à influência do baalismo, a ponto de perder sua identidade como religião dos *pais da fé*.

Em Judá, os grandes modelos que passaram a centralizar o interesse dos sulistas foram suas *instituições*, sua cidade, seu rei e seu Templo.

---

[1] Essa nomenclatura perdurou até o período dos romanos, aproximadamente no ano 50 a.E.C. A partir daí, a região passou a chamar-se Judeia. Desse nome deriva o adjetivo *judeu*, que designará não mais os habitantes de Judá, mas sim os seguidores do sistema religioso judaico.

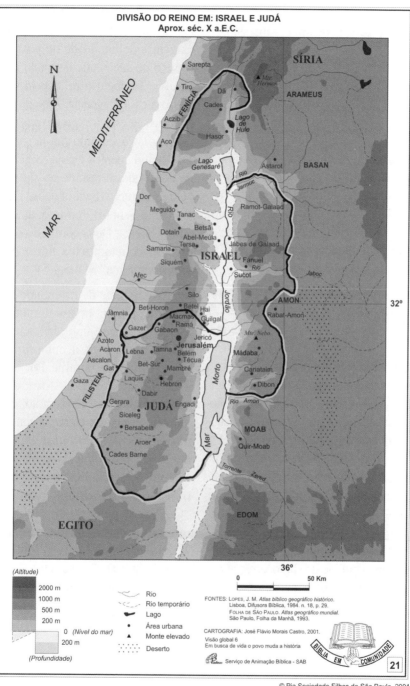

Eles gozavam de uma promessa divina de eleição, estabilidade e permanência para sempre. O Senhor escolhera Jerusalém para habitar, o rei para governar o seu povo e o Templo para ser cultuado. Isso dava muita segurança. As instituições de Judá significavam a garantia da assistência do Senhor. Enquanto permanecia unido à cidade, ao rei e ao Templo escolhidos pelo Senhor, o povo só podia esperar paz e prosperidade, bênção e segurança.

Exigências éticas da Aliança. "Não adianta nem tentar me esquecer..."

A garantia da assistência divina tinha uma condição básica: o seguimento dos preceitos da Aliança, *os estatutos e decretos do Senhor* (ler 1Rs 2,3-4; Dt 17,14-20). Eles não continham exigências meramente cultuais, mas sim fortemente éticas (ler Dt 12–26, o "Código Deuteronômico").[2] Essa Aliança era simbolizada pelas tábuas de pedra colocadas na Arca, que repousava solenemente no recinto mais sagrado do Templo, o "Santo dos Santos". A Arca da Aliança era, de um lado, a recordação da eleição de Israel pelo Senhor, de seu amor e proteção, de sua bênção, e, de outro lado, o memorial da exigência de fidelidade do povo ao projeto de sociedade desejado pelo Senhor. Também o rei estava submisso a essa exigência. Esse projeto de sociedade estava expresso nas *Leis dadas a Moisés*, cujo miolo são os Dez Mandamentos e cuja exigência de fidelidade se resume no *shemá*:[3] "Ouve ó Israel, o Senhor nosso Deus é o único Senhor! Portanto, amarás ao Senhor teu Deus com todo o teu coração, com toda a tua alma e com toda a tua força" (Dt 6,4-5).

Tal exigência de fidelidade não se perde, porém, no anonimato da massa ou do conjunto da sociedade. É também pessoal, compromete o indivíduo e a família. Por isso, além do símbolo da Arca com as tábuas da Torá no Templo, cada indivíduo tinha de carregar consigo um *memorial particular* da Lei de Deus. Algo que o lembrasse sempre do seu compromisso com o Senhor. Daí o *shemá* continuar: "Que estas palavras que hoje te ordeno estejam em teu coração! Tu as inculcarás aos teus filhos, e delas falarás sentado em tua casa e andando em teu caminho, deitado e de pé. Tu as atarás também à tua

---

[2] A teologia deuteronomista justifica e relê assim o exílio.

[3] Fórmula consagrada para o povo de Israel a seu Senhor, que começa com "ouve", em hebraico *shemá*. Jesus aplica e atualiza o *shemá* em Mt 22,37.

mão como um sinal, e serão como um frontal entre os teus olhos; tu as escreverás nos umbrais da tua casa, e nas tuas portas" (Dt 6,6-9).

Desse jeito não dava para esquecer. O povo não tinha desculpa para não ser fiel à Aliança. Da fidelidade de todos, pois, derivava a garantia da assistência do Senhor.

Será que isso aconteceu em Judá? Os sulistas criticaram tanto as infidelidades dos nortistas, as idolatrias deles, os reis deles... mas será que no Sul a religião e os reis eram melhores? Será que o reino de Judá poderia se apresentar como "o modelo de sociedade desejado pelo Senhor"? As instituições do Rei e do Templo teriam servido sempre fielmente ao projeto do Senhor? Nem sempre a religião, caracterizada pelo Templo, foi uma instância crítica perante o Estado e seus compromissos éticos. Isso aconteceu também na história do Brasil, pois a união entre o altar e o trono não favoreceu uma transparência plena diante das exigências cristãs.

Vamos ver neste estudo a história do reino do Sul, suas características e os personagens que marcaram sua existência: reis, profetas e o povo. Por fim, veremos também o material literário que surgiu no sul, de gente culta e de gente simples do povo.

Brasil, um Estado arreligioso

Por muito tempo, em diversas nações, a função religiosa foi uma das atribuições do Estado. Até hoje ainda há países em que a vida religiosa é fortemente (e quase sempre rigorosamente) controlada e determinada pelo Estado. Este é o caso dos países islâmicos como a Arábia, o Iraque, o Irã etc. Nesses países o *Alcorão*, o livro sagrado dos muçulmanos, é a lei máxima a qual todos estão sujeitos.

O Brasil é hoje um país cujo Estado se declara arreligioso, isto é, não toma partido por nenhuma religião, a não ser que esta esteja em contradição com algum princípio constitucional! A lei máxima do país é a Constituição do Brasil, à qual todos os brasileiros estão sujeitos. Não compete, pois, ao Estado brasileiro controlar a observância ou não da Bíblia, por exemplo. Por outro lado, o Estado tampouco aceita a imposição de qualquer religião sobre ele. Pode, porém, aceitar colaboração das diversas religiões no cumprimento da Constituição, em favor do bem comum de todos os cidadãos brasileiros.

Em outras palavras, o governo não pode mandar na Igreja, nem a Igreja pode mandar no governo. Ambos podem auxiliar-se mutuamente na busca de uma sociedade sempre mais bem organizada. Mas essa característica do nosso Estado é recente: vem da Proclamação da República, em 15 de novembro de 1889. E como era antes?

A Cristandade: o casamento do Estado com a Religião Católica

Antes de ser um país republicano, o Brasil foi primeiro uma colônia de Portugal. Desde que Pedro Álvares Cabral avistou estas terras, em 22 de abril de 1500, tudo o que era daqui, terras e riquezas naturais, passaram a pertencer ao rei de Portugal. Os povos que aqui viviam tornaram-se súditos de "Sua Alteza Portuguesa". E tudo o que aqui se produziu depois era destinado ao abastecimento e enriquecimento da metrópole. Quem mandava no Brasil eram os reis de Portugal.

Mas quem não se lembra do 7 de setembro? Nesse dia, em 1822, o Brasil deixava de ser colônia, pelo menos oficialmente, para constituir-se em Estado independente. Então o Brasil passou a ser uma monarquia. Como tal, teve dois reis: Dom Pedro I e Dom Pedro II, chamados "imperadores" por causa do tamanho imenso do território brasileiro, que chegava a constituir-se um verdadeiro império.

E como era a religião nesse tempo? Os reis portugueses eram católicos. Na mentalidade da época da colonização do Brasil, o reino ideal era aquele em que tudo estivesse submetido ao sistema religioso católico. Toda a vida social, a política, a economia, a moral, a cultura, a educação etc., tudo tinha de seguir o sistema do catolicismo. A Igreja, por meio dos papas, delegava aos monarcas católicos o dever de expandir o catolicismo no mundo, combatendo "as falsas religiões"[4] ou heresias, e tentando implantar a sociedade ideal, identificada com o catolicismo. Esse modelo de sociedade é chamado de *Cristandade*. Nele, o catolicismo se uniu à monarquia, a religião se uniu ao Estado.

Estado e religião: "entre tapas e beijos..."

Será que foi uma união feliz? Há quem sonhe até hoje com a volta da Cristandade, imaginando que a Igreja poderia exercer um controle total sobre os indivíduos e o Estado. A união

---

[4] A maior luta da Igreja, na época, era com os muçulmanos, considerados hereges e inimigos de Cristo. Muitos séculos antes, eles tinham tomado o controle da Terra Santa, e se expandiram rapidamente por muitos países da Ásia e do norte da África, onde antes o cristianismo dominava. Para combatê-los, os cristãos organizaram as cruzadas.

entre as duas instituições, Reino e Catolicismo, Coroa e Papado, Estado e Igreja, foi uma sucessão de desencontros. A Igreja sonhava com a Cristandade, na qual manteria tudo sob seu controle. Na hora de tomar as decisões, porém, não se sabia quem mandava em quem. Às vezes mandava a Igreja, estabelecendo as normas a serem seguidas pelos reis no governo da vida pública. Nem sempre os reis obedeciam, sobretudo quando estavam em jogo os interesses econômicos da Coroa... Outras vezes mandava o Estado, ora se valendo de algumas prerrogativas que lhe foram concedidas pela própria Igreja, ora fazendo pressão econômica sobre ela, pois a Igreja também tinha interesses a defender, ora usando mesmo da arbitrariedade, por exemplo, proibindo a atuação dos missionários junto aos índios. Isso afetou muito a vida do Brasil colônia.

Àquela altura, para o Estado português o sonho de uma Cristandade já tinha se transformado em empreitada comercial. Importava tirar lucro das colônias para sustentar a metrópole. A união com a Igreja era apenas aparente: ela servia enquanto facilitava e legitimava o domínio português sobre a colônia, e enquanto não causasse problemas para a empreitada comercial. Muitas vezes a Igreja até quis reverter essa situação, intimando reis e governantes a mudarem certas políticas contrárias à ordem moral. Por exemplo, a Igreja decretou injusta a escravidão dos índios.[5] Mas tudo ficou só no papel. No fundo, quem saiu perdendo foi a Igreja, que acabou sendo, muitas vezes, suplantada pela força do Estado monárquico.

O regime do "Padroado": a religião controlada pelo Estado

A Igreja Católica ainda sonhava com a Cristandade. Imaginava submeter ao domínio de Cristo todos os povos da terra, principalmente os novos povos descobertos. Os reis de Portugal e Espanha eram instrumentos divinos para essa conquista espiritual. Eram o "braço temporal" do Reino de Cristo. Pensando assim, a Igreja foi outorgando sempre mais poderes aos reis católicos, para que cuidassem dos assuntos religiosos nas colônias. Diversas bulas papais dos séculos XV e XVI autorizavam os monarcas até mesmo a nomear bispos e párocos nas colônias. O Estado passou então a exercer a função de controlador da religião. É claro que isso lhe era muito conveniente, pois poderia pôr

---
[5] Cf. *Bulla Sublimis Deus*, do Papa Paulo III, de 2/6/1537.

a religião a serviço dos interesses da Coroa, eliminando uma série de possíveis problemas com a instituição religiosa. Nascia assim um regime interessante de relações entre a Igreja e o Estado brasileiro: o "Padroado".

Para a sociedade portuguesa, a legitimação religiosa do seu domínio, sobre as terras conquistadas, era a condição fundamental para o sucesso da empreitada colonizadora. Quando os reis de Portugal perceberam que a influência demasiado forte da Igreja, nos assuntos da colônia, poderiam causar mais entraves do que ajudar a empreitada comercial, começaram a assumir, sempre com mais determinação, o controle do sistema religioso a ser seguido na colônia.

O Padroado era uma espécie de casamento estranho entre Estado e Religião na forma patriarcal: o Estado (o "marido") é quem mandava. A Religião (no caso a Igreja Católica, no papel de "esposa") deveria só obedecer. É claro que o "marido" tinha de *sustentar* a "esposa": a Coroa se encarregava de distribuir terras às Ordens Religiosas, construir igrejas, conventos, colégios, pagar o clero e defender os cargos eclesiásticos mais "estratégicos" a serem controlados. Por sua vez, a "esposa" gerava os "filhos" para o Estado: educava-os para o sistema colonial, para "servir à Coroa" (depois à Pátria...), "amansava" os índios para que se tornassem fiéis súditos de "Nosso Senhor, o Rei de Portugal", enquanto, pelo batismo, submetia sua "alma" ao domínio de outro Nosso Senhor. O mesmo se diga dos negros africanos que vieram exilados para o trabalho escravo na colônia. No regime do Padroado, a cruz e a espada se confundiram para submeter o povo colonizado ao domínio do rei católico.[6] O papel desse rei se confundia com o de Cristo, e seu reinado se confundia com o Reino de Deus nesta terra. Podemos imaginar a grande confusão que isso causou na vida do povo brasileiro!

No período imperial o regime do Padroado continuou o mesmo. Só houve mudança de personagens: no lugar do rei de Portugal, quem passou a mandar foi o imperador do Brasil. Nós nos perguntamos: com tantos problemas do Estado para resolver, será que o rei ainda tinha tempo para resolver os problemas da Igreja? Como dá para imaginar, a Igreja acabava ficando meio de lado, só merecendo atenção quando algo muito importante acontecia.

---

[6] Nas outras colônias americanas eram reis protestantes ou anglicanos, como na América do Norte

No geral, cada qual cuidava de seus "negócios": o Império tentava se manter e a Igreja tentava cumprir seu papel.

Qualquer semelhança com fatos atuais... não é mera coincidência! No Brasil, o Padroado durou quase 400 anos. Mais tempo do que durou o reino de Judá (cerca de 344 anos). Ele marcou tanto a mentalidade do povo e de alguns políticos brasileiros que até hoje tem gente que acha que os padres recebem salário do governo, que a prefeitura de uma cidade tem de doar o terreno para construir a igreja, doar o material etc. Tem político que acha que a Igreja serve para "manter a ordem estabelecida", para ser palanque de apoio e promoção dos "donos do poder" da localidade, nas festas religiosas e nas cerimônias públicas. Mas se for para criticar a política e denunciar as injustiças, a Igreja não serve, pois está "se metendo em política". Muitos acham que a Igreja tem de "salvar as almas" e deixar os assuntos da sociedade para o Estado. Religião serve para legitimar o Estado. Essa é a mentalidade do Padroado, que ficou na cabeça de muita gente.

Tanto em Judá como no Brasil, o Rei e o Templo, o Estado e a Religião são instituições que devem garantir o bem do povo. Há um "compromisso ético" que não pode ser esquecido por nenhuma das partes. Se essas instituições seguissem sempre esse compromisso ético de servir ao povo, tudo iria bem. Mas quando o Estado não serve ao povo, dentro de um modelo que se aproxime mais do projeto de sociedade desejado por Deus, baseado na ética, na justiça e no bem comum, e se coloca a serviço de poucos, de poderosos que passam a jogar a vida do povo na miséria, quem deve intervir para colocar as coisas no lugar? Não é a Religião? E se a Religião deixa de exercer esse papel? O que acontece quando a Igreja se omite ou se torna conivente com um Estado sem ética, injusto, opressor do povo, destruidor da liberdade e da vida? O que acontece quando a Religião aliena o povo, afastando-o do seu compromisso político? O fato de existir um Estado (um rei) e uma Igreja (um Templo que invoca a "bênção de Deus") é, por si só, garantia de que tudo vai bem?

É mais ou menos essa a problemática marcante do reino do Sul, como veremos nos próximos passos.

Roteiro para o estudo do tema

1. Oração inicial
Conforme a criatividade do grupo.

2. Mutirão de memória
Compor a síntese do conteúdo já lido por todos no subsídio. Caso as pessoas não tenham o subsídio, ficará a cargo do(a) líder expor a síntese.

Recurso visual
- Mapa dos dois reinos.
- Notas de dinheiro em papel.

3. Partilha afetiva
Em grupos ou no plenário, conversar:
- No Brasil colonial e imperial, em que sentido a religião era manipulada em benefício do poder?
- Hoje, no Brasil, existe manipulação da religião? Vamos lembrar alguns exemplos?

4. Sintonia com a Bíblia
Ler Dt 6,4-9 – O *shemá*.

A Lei da Aliança apela ao coração de cada um para o amor e a fidelidade a Deus. No entanto, a lei e a religião foram usadas pelos reis para legitimar o poder e manter o povo oprimido.

Diálogo de síntese
- Vendo as notas de dinheiro em papel, lemos a frase "Deus seja louvado". Que tipo de louvor Deus quer receber?
- Que sentido tem escrever no dinheiro "Deus seja louvado", quando a maioria do povo não recebe o suficiente para viver?

Lembrete: para a próxima reunião, preparar uma encenação:
- Montar um sótão ou quarto de despejos, cheio de coisas velhas.
- Dentre elas, colocar uma Bíblia velha, com bastante talco.
- Entram duas pessoas conversando sobre a desordem daquelas coisas. Veem a Bíblia e a pegam curiosas para ver que livro é aquele. Batem para tirar o pó e fazem subir a nuvem de talco. Abrem e descobrem que é a Bíblia. Saem felizes porque encontraram a Bíblia da vovó.
- Retornam e convidam os participantes a rezar juntos ou espontaneamente, por versículos, o Salmo 1.

2º tema
Na descoberta da Palavra de Deus, a alegria da vida nova

O povo e os dirigentes do reino de Judá, ao sul, gloriavam-se da legitimidade do seu rei, do culto, do santuário e da cidade Santa, Jerusalém. Nada disso serviu-lhes de garantia: o rei, o culto, o Templo e a cidade conheceram a destruição apesar das tentativas de reforma religiosa de alguns reis.

"Tudo está no seu lugar, graças a Deus!" Graças a Deus?

A tribo de Judá podia ficar sossegada: tinha um rei, descendente de Davi, a quem Deus fez a promessa de acompanhar no governo (cf. 2Sm 7,8-16; Sl 89,4), tinha um Templo, único lugar autorizado pelo Senhor para se prestar culto a ele (cf. Dt. 12,4-11), e tinha Jerusalém por capital, cidade escolhida por ele para habitar (cf. 1Rs 11,36; 14,21; Sl 48). De fato essas instituições encantavam o povo. A quantidade de salmos falando dessa eleição divina é surpreendente.[1] Também pudera: os salmos eram usados nas liturgias do Templo. Assim, o povo precisava ouvir esse tipo de pregação e fortalecer sua confiança nas promessas divinas. Acalentado por essa melodia religiosa, o povo podia cantar, aliviado, como faria Benito Di Paula: "Tudo está no seu lugar, graças a Deus, graças a Deus! Não devemos nos esquecer de dizer: graças a Deus! Graças a Deus!".

Mas será que tudo estava no seu lugar? A trajetória do reino de Judá apenas ensaiou tomar um rumo diferente de seu irmão do Norte, Israel. Já no tempo de Roboão, primeiro rei do Sul em tempos de monarquia dividida, as coisas começaram a andar fora de lugar. Falaremos, mais à frente, dos reis de Judá, mas convém citar aqui o fato de que praticamente todos os reis, a partir de Roboão, receberam, no livro dos Reis, uma avaliação negativa: "fizeram o que é mau aos olhos do Senhor ou, em alguns casos, mesmo tendo feito o que é agradável ao Senhor, não conseguiram eliminar totalmente a idolatria nos lugares altos".[2] Somente dois reis do Sul ganharam

---

[1] Cf. Sl 2,2.6; 18,51; 26,8; 33,12; 42,5.7; 43,3-4; 78,54.68-71 (falam das três instituições); 84; 87; 89,4.29-38; 110,2.4-5; 122; 125,1-2; 128,5; 132 (falam, também, das três instituições); 133,3; 134; 135,2-4.21; 137,5-7; 144,10; 146,10; 147,12-14.

[2] Com esses refrões, o autor deuteronomista desaprovará todos os reis do Norte e a maioria dos reis do Sul (1Rs 13,33; 15,3; 2Rs 17,32; 1Cr 16,39).

uma nota melhor: Ezequias e Josias. Mesmo assim, foi pouco para evitar o pior no reino do Sul.

Cronologia dos reis de Judá

Segue a sequência dos reis de Judá, os anos de seu reinado e as citações onde se encontra uma pequena síntese do seu governo. Os reis, cujos nomes estão em negrito, são os que tiveram um governo marcado por acontecimentos importantes para compreendermos os rumos da história do reino do Sul. Os que não eram filhos do rei anterior estão destacados em itálico. Assim, podemos conferir a quase estabilidade desse reino em comparação com o reino de Israel, Norte. Ao olhar mais de perto os altos e baixos da história de Judá, veremos que "nem tudo estava no seu lugar".

CRONOLOGIA DOS REIS DE JUDÁ		
REI	ANO	CF. BÍBLIA
Roboão	**931-913**	**1Rs 14,21-31; 2Cr 10-12**
Abiam	913-911	1Rs 15,1-8; 2Cr 13,1-23
Asa	911-870	1Rs 15,9-24; 2Cr 14,1–16,14
Josafá	870-848	1Rs 22,41-51; 2Cr 17,1–21,1
Jorão	848-841	2Rs 8,16-24, 2Cr 21,2-20
Ocozias (Acazias)	841	2Rs 8,25-29; 2Cr 22,1-9
Atalia (mãe de Ocozias)	841-835	2Rs 11,1-20; 2Cr 22,10–23,15
Joás	835-796	2Rs 12,1-22; 2Cr 24,1-27
Amasias	796-781	2Rs 14,1-22; 2Cr 25,1-28
Ozias (Azarias)	781-740	2Rs 15,1-7; 2Cr 26,1-23
Joatão	740-736	2Rs 15,32-38; 2Cr 27,1-9
Acaz	**736-716**	**2Rs 16,1-20; 2Cr 28,1-27**
Ezequias	**716-687**	**2Rs 18,1–20,21; 2Cr 29,1–32,33**
Manassés	687-642	2Rs 21,1-18; 2Cr 33,1-20
Amon	642-640	2Rs 21,19-26; 2Cr 33,21-25
Josias	**640-609**	**2Rs 22,1–23,30; 2Cr 34,1–35,27**
Joacaz	609 (três meses)	2Rs 23,31-35; 2Cr 36,1-4
Joaquim (irmão de Joacaz)	609-598	2Rs 23,36–24,7; 2Cr 36,5-8
Joaquin (Jeconias)	598 597	2Rs 24,8-17; 2Cr 36,10 Primeira deportação pelos babilônios
Sedecias (Matanias, filho de Josias)	598-587	2Rs 24,17-25,7; 2Cr 36,11-12
Destruição de Jerusalém pelos babilônios em	587/6	Deportações. Fim do reino de Judá.

Após a separação do Norte, em 931, no decurso do século X, o reino de Judá não teve grandes problemas políticos ou econômicos a enfrentar. Mas não ficou isento de problemas com seus vizinhos. No tempo de *Roboão,* primeiro rei de Judá (Aprox. 931-913 a.E.C.), o faraó Sesac, do Egito, atacou e saqueou Jerusalém (lRs 14,25-28; 2Cr 12,2.9-11). Nesse tempo, o luxo do antigo reino de Salomão começou a dar lugar à falta de recursos. Exemplo disso foi a substituição dos escudos de ouro feitos por Salomão, que tinham sido levados por Sesac; Roboão mandou fazer outros, mas de bronze, de valor bem inferior (1Rs 14,26-28). Roboão tentou também reconquistar pela força os territórios perdidos para Israel, o reino do Norte. Por isso seu reinado foi marcado também por constantes conflitos com Jeroboão, rei de Israel (lRs 14,30; 2Cr 12,15b). As rixas com Israel continuaram no tempo de *Abiam* (913-911) e *Asa* (911-870) (1Rs 15,7.16). O ponto alto do conflito entre os dois reinos se deu no tempo de *Acaz* (736-716), quando Faceias, rei de Israel, aliado a Rason, rei de Damasco, atacou Judá, tentando forçar Acaz a entrar na guerra contra a Assíria (2Rs 16,5; 2Cr 28,5-8).

A causa da queda: os cultos cananeus a Baal

O reino de Judá não teve a prosperidade de seu vizinho do norte, mas não a invejava, pois tinha a firmeza das suas instituições, que faltavam a Israel. Mas correu sempre o único risco que acabou por levá-lo também à ruína: a continuidade dos cultos cananeus em Judá. Diante desse risco, os reis do Sul adotaram posições diferentes, que serviram depois de critério para avaliar os seus governos.[3]

Alguns reis chegaram mesmo a adotar e promover esses cultos: *Roboão* construiu lugares de culto, altares e monumentos sagrados "sobre toda colina elevada e debaixo de toda árvore frondosa". Além disso, não só tolerou mas até mesmo restabeleceu os prostitutos sagrados (1Rs 14,21-24). *Abiam* "imitou os pecados que seu pai cometera" (lRs 15,3). *Jorão* (848-841) "imitou o comportamento dos reis de Israel" (2Rs 8,18). Seu filho *Ocozias* (841) fez o mesmo (2Rs 8,27). *Acaz* (736-716) até sacrificou seu filho no fogo (2Rs 16,3). *Manassés* (687-642) foi quem mais promoveu os cultos cananeus em Judá, introduzindo-os no próprio Templo do Senhor, em

---

[3] Cf. 1Rs 15,14; 22,44; 12,3-4; 14,3-4; 16,4 e outros textos.

Jerusalém (2Rs 21,2-9). Seu filho *Amon* (642-640) continuou essa política (2Rs 21,21-22).

No sentido inverso, outros reis tentaram eliminar os cultos cananeus, mas parece que toleraram algumas coisas: a existência dos "lugares altos, onde o povo continuava a oferecer sacrifícios e incenso". Foi assim no reinado de *Asa*, de *Josafá* (870-848), de *Joás* (835-796), de *Amasias* (796-781), de *Ozias* (781-740). De todos os reis de Judá, somente dois adotaram uma posição de combate ferrenho a toda forma de culto que não fosse ao Senhor. São os reis reformadores, *Ezequias* (716-687) e *Josias* (640-609).

As viradas na política

Desde a separação do Norte, os reis de Judá tentaram reconquistar seu território. Mas as coisas começaram a melhorar só no reinado de *Ozias* (781-740): com o enfraquecimento do poder do Egito, este rei pôde restabelecer seu poder sobre as regiões mais ao Sul, que haviam sido tomadas pelos egípcios. Mas o entusiasmo durou pouco.

No tempo de *Acaz* (736-716), o poder da Assíria já tinha se firmado de novo na região. Judá sobreviveu à invasão assíria que destruíra Samaria cerca de 718 a.E.C., mas viu-se cada vez mais acuado pelo poderio inimigo. O inexperiente Acaz não sabia se fazia um pacto com a Assíria ou se se unia ao Egito para fazer frente ao conquistador. No seu tempo, Israel e Damasco se uniram numa coligação militar contra a Assíria e queriam arrastar, nessa coalizão, também o reino de Judá, peça importante para o sucesso da operação antiassíria.

O profeta Isaías, nessa época, aconselhou a estrita neutralidade, criticando os pactos com estrangeiros e propondo a absoluta confiança no Senhor. Os reis dos dois países vizinhos de Judá — Faceias (Israel) e Rason (Damasco) — atacaram Judá para pressionar Acaz a entrar na coligação. Mas o rei acabou cedendo à pressão do grupo pró-assírio e fez um acordo com os assírios, tornando-se vassalo mediante pagamento de tributos.

Os profetas Isaías e Miqueias, desse período, viram nisso as consequências do abandono da Aliança do Senhor por parte de Judá. Os assírios derrotaram os dois reis que ameaçavam Judá, forçando-os a pagar pesados tributos. Mas a situação de Judá não ficou melhor do que a dos reinos de Israel e Síria.

O custo para dar uma sobrevida à frágil monarquia do Sul foi bem alto. Sem a ajuda do Egito para fazer frente ao avanço assírio, Judá ficou sozinho. Na onda de conquistas na região, o exército assírio chegou a se apossar de boa parte do território do reino do Sul. Jerusalém ficou isolada "como uma choça em uma vinha" (Is 1,7-8; 2Rs 18,13-16). A situação foi ficando cada vez mais difícil.

Tentativa de reforma: retomada da subida

O rei *Ezequias* (716-687), advertido pelo que aconteceu com o reino do Norte, quis melhorar as coisas promovendo uma reforma religiosa de combate aos cultos cananeus (ler 2Rs 18,4). O livro das Crônicas descreve com mais detalhes a reforma de Ezequias (2Cr 29,3–32,33). Ele promoveu a purificação do Templo, retirando de lá os objetos "impuros", isto é, objetos de cultos cananeus tolerados ou adotados pelos reis predecessores e seus sacerdotes (2Cr 29,16). Realizou uma celebração de expiação pelos pecados (2Cr 29,20-28). Daí, restaurou o culto legítimo, que tinha sido desvirtuado (2Cr 29,29-35). Convocou uma celebração solene da Páscoa, que já devia estar esquecida (2Cr 30,1-14). Reformou também o clero, restabelecendo a ordem instituída por Salomão, conforme prescrevera o próprio Davi (2Cr 31,2-21).[4]

O próprio Ezequias deu um exemplo de piedade e de confiança no Senhor, merecendo, por isso, um milagre anunciado por Isaías, quando o rei estava enfermo (ler 2Rs 20,1-11). No seu tempo o rei da Assíria, Senaquerib, chegou a sitiar Jerusalém, em 701 a.E.C., depois de tomar várias cidades fortificadas de Judá (2Rs 18,13-16). Mas inexplicavelmente ele teve de voltar a seu país e Jerusalém não foi invadida. Isso foi interpretado, por Isaías, como o sinal da proteção de Deus que salvou a cidade (2Rs 19,20-34). Tal libertação, contudo, não trouxe a conversão esperada pelo profeta. O povo e o rei continuaram esquecidos das exigências de justiça da Aliança do Senhor. Continuaram crendo em suas instituições como se fossem amuletos de sorte. Isaías denunciou de novo esse insustentável otimismo (ler Is 22,1-14). O simples fato de ser "a cidade santa" não era garan-

---

[4] Cf. a nota na Bíblia de Jerusalém para a seção de 2Cr 31,2-21.

tia para evitar a sua ruína, pois a injustiça crescia sempre mais.

Depois de Senaquerib, a Assíria foi perdendo, pouco a pouco, o domínio sobre os territórios conquistados. Ao mesmo tempo, outra nação começava a despontar no horizonte da política internacional com vocação para assumir o controle de um grande império: a Babilônia. Já no tempo de Ezequias, uma embaixada babilônica se apresentara ao rei de Judá, quando ele apenas havia se restabelecido de sua enfermidade. O profeta Isaías viu nesse interesse dos babilônios um presságio da futura deportação para o exílio de toda a riqueza do reino de Judá, mostrada pelo rei à embaixada babilônica (2Rs 20,12-19).

Voltam a impiedade e a violência

Antes que os babilônios chegassem, Judá conheceria ainda uma fase difícil: os dois reis seguintes, *Manassés* (687-642) e *Amon* (642-640) foram terrivelmente ímpios. Não só jogaram por terra o começo da reforma religiosa empreendida por Ezequias, como também promoveram abertamente os cultos cananeus. Manassés foi extremamente violento, exercendo uma política de opressão pesada em cima do povo (ler 2Rs 21,1-9.16.19-22). Seu governo foi tão violento que o autor deuteronomista escreveu: "Manassés derramou também o sangue inocente em quantidade tão grande, que inundou Jerusalém de um lado a outro" (2Rs 21,16).

Tal repressão explica a ausência de grandes profetas nesse período. Qualquer voz que se levantasse contra o rei seria calada com a morte. Mesmo assim, temos notícias de que alguns profetas tentaram advertir o rei, cobrando dele a fidelidade aos preceitos da Aliança (ler 2Rs 21,10-15; 2Cr 33,18).

Amon continuou a linha de governo de seu pai (2Rs 21,20-21). O fato de que seu governo tenha durado só dois anos, diferentemente do longo governo de quarenta e cinco anos de seu pai Manassés, demonstra que a paciência do povo chegara ao fim. Amon foi assassinado por seus próprios servos, que talvez pretendessem tomar-lhe o poder, valendo-se da insatisfação popular (2Rs 21,23). Mas havia uma parte do povo que desejava mudanças no governo, porém defendia a fidelidade à dinastia davídica. Esse grupo era denominado "o povo da terra" (2Rs 21,24; ver também 11,20 e 14,21). Ele eliminou os rebeldes que haviam assassinado o rei e entronizou seu filho Josias, que ainda era menino.

De novo para cima: a reforma de Josias

Josias (640-609) foi proclamado rei com apenas oito anos de idade. É natural que os primeiros anos de seu governo tenham sido orientados por algum tutor. Poderia ser sua mãe ou, mais provavelmente, alguém do "povo da terra", que o havia empossado no governo. Isso permitiu a execução das tão desejadas reformas em Judá.

O primeiro campo de reformas era a política. Buscava-se a centralização do poder em um só rei, uma só capital, e voltava o ideal de um só reino, como no tempo de Davi. Josias conseguiu reintegrar os territórios do antigo reinado de Davi, reanexando uma parte do extinto reino do Norte.

O segundo campo de reformas era a religião. Esse era o ponto nevrálgico de todo o corpo social da nação. Por isso deu-se muita atenção à reforma religiosa. Todos os reis de Judá, a partir de Salomão, toleraram, permitiram e até mesmo promoveram os cultos cananeus. Mesmo os que tentaram combatê-los deixaram sempre algum resquício "nos lugares altos". O combate a Baal não era apenas uma questão de escolha de religião. O baalismo colocava em perigo o projeto de sociedade igualitária e ética proposta pelo javismo. Só a fidelidade ao Senhor garantia a convivência fraterna numa sociedade livre, democrática e voltada para o bem comum. As exigências éticas da Aliança do Senhor eram a certeza da prosperidade, da justiça, do bem-estar de todo o povo. Por isso, a religião era tão fundamental.

Depois de Manassés e Amon a religião do Senhor ficou tão descaracterizada pelos cultos cananeus, que Judá já não se distinguia mais dos outros povos. Usar a religião como legitimação de um poder, sobretudo quando é um poder violento e repressor, é uma prática antiga na história da humanidade — já vimos isso na história do Padroado, no Brasil. Josias e seu grupo de sustentação no governo compreenderam a importância da religião para se manter um governo forte e coeso. Os cultos a Baal favoreciam a dispersão, pois cada localidade tinha o seu baal próprio, como uma espécie de "padroeiro" do lugar. O culto ao baal local era relativamente simples, podendo ser feito em qualquer "lugar alto", ou debaixo de uma "árvore sagrada". Voltava-se para as necessidades mais básicas do povo: a fecundidade dos homens, dos animais e da terra, que garantia a sobrevivência e perpetuava a espécie. Por isso, o baalismo foi uma tentação constante para os seguidores do Senhor.

A religião de Baal não fazia nenhuma exigência de justiça, de ética, de moral, de respeito à pessoa humana ou de libertação do oprimido. Isso transformava a religião num instrumento legitimador do poder nas mãos dos tiranos de plantão. Ao contrário, a religião do Senhor, sistematizada ao longo de muitos séculos pelas experiências de luta e libertação do povo, trazia todas essas exigências. Esquecer essas exigências significava, então, possibilitar a manipulação da religião para legitimar o poder explorador, a repressão, a tirania.

Um grande achado!

Josias empreendeu uma profunda reforma religiosa em Judá, talvez por querer resgatar essa dimensão ética do javismo. Mas também percebeu que lhe era conveniente promover a unificação do culto em torno de uma única divindade. Começou pela reforma do Templo (2Rs 22,4-6),[5] desfazendo todas as obras realizadas por seu avô Manassés em favor do baalismo (2Rs 21,1-8). Durante as obras foi encontrado o "Livro da Lei do Senhor" (2Rs 22,8-10). A expressão "encontrado" quer sugerir o descaso pelos preceitos da Aliança, nos reinados de Manassés[6] e Amon, intermediários a Ezequias e Josias. O livro foi levado a Josias, que, ao escutar seu conteúdo, "rasgou as vestes", em sinal de temor (2Rs 22,11).

Esse livro devia ser, provavelmente, o Código da Aliança, que junto a outros preceitos de caráter cultual formavam o núcleo das "palavras do Senhor a Moisés no Sinai".[7] Josias quis comprovar a autenticidade do livro consultando ao Senhor pela profetisa Hulda. Esta confirmou a origem divina daqueles preceitos e reiterou as graves consequências

---

[5] O 2º livro das Crônicas interpreta a descoberta do Livro da Lei no Templo como o coroamento da reforma de Josias, deixando a notícia da descoberta mais para o final, parecendo não ter sido determinante na reforma religiosa (2Cr 34,3–35,19). Por sua vez, a leitura deuteronomista coloca o episódio como pivô das reformas (2Rs 22,8.11).

[6] Cf. nota na Bíblia de Jerusalém a 2Rs 21,1. Ver também 2Cr 33,1-10 e 2Rs 22,8-10. A Bíblia fala de cinquenta e cinco anos para o reinado de Manassés, mas esse número foi, provavelmente, aumentado em dez anos.

[7] Trata-se, provavelmente, do núcleo essencial do atual Deuteronômio, ou seja, o conjunto de leis contidas em Dt 12–26. Esses escritos podem ter sua origem no Norte. Teriam escapado à destruição da Samaria, um século antes. Os fugitivos do Norte teriam levado para o Sul suas tradições a respeito da Aliança do Sinai, tema que ficou um pouco esquecido em Judá. Esses escritos devem ter sofrido, então, acréscimos redacionais, em uma releitura deuteronomista, na corte de Josias (cf. Konings J. *A Bíblia nas suas origens e hoje*. Petrópolis, Vozes 1999. p. 61), em vista da reforma religiosa a ser implantada, particularmente no que se refere à centralização do culto em Jerusalém e ao pagamento dos dízimos.

para o povo no caso do não cumprimento deles (2Rs 22,12-20). O rei sentiu-se ainda mais obrigado a continuar sua reforma. O Livro da Lei tornou-se, assim, provavelmente, o braço ideológico justificador da reforma (2Rs 23,4-27).

No tocante às exigências cultuais, o livro propugnava a centralização do culto em um só santuário: Jerusalém. A ideia caiu como uma luva para a reforma desejada por Josias. Já se consolidara a ideia de um só reino, sob o comando de um só rei, descendente de Davi. Agora vai se consolidar a ideia de uma só religião, sob o comando de um só Templo, o verdadeiro santuário do Senhor, em Jerusalém. Reacendeu-se o clima de euforia no povo. No espírito da Lei se encontrava a ideia de que o Senhor garantiria a prosperidade dos que cumprissem fielmente seus preceitos.

Com a chave de interpretação do Deuteronômio, os teólogos da época começaram a explicar as dificuldades que pesavam sobre o povo, como o castigo de Deus, pela infidelidade dos reis à Aliança. O empenho de todos pelo cumprimento da Aliança era, portanto, a certeza de dias melhores para o tão sofrido povo de Judá, vítima da dominação de tiranos de dentro e de fora. O profeta Jeremias começou nessa época a sua atuação, dando apoio às reformas.

Um balde de água fria

A ameaça da Babilônia começava a despontar no horizonte de Judá. O império assírio estava cada vez mais decadente. Essa decadência estimulou os egípcios a retomar seu domínio sobre a Síria e a Palestina. Foram movidos não só por interesses expansionistas. Eles também intencionavam utilizar-se desses povos como "escudo" contra seus maiores inimigos no momento, os babilônios. O Egito anteriormente era inimigo da Assíria e tinha sido dominado por ela. Agora, no novo cenário da política internacional, ele se une à sua antiga inimiga para combater o novo inimigo comum.

O faraó Necao partiu, então, em socorro da Assíria, atacada pelos babilônios. Mas Josias quis impedir a passagem de Necao pelo território de Israel. Josias desejava ver a derrota definitiva de seu antigo opressor, a Assíria, a quem Judá pagava tributos. No ano de 609 a.E.C., combatendo contra Necao na passagem estreita de Meguido, Josias foi morto na batalha. Com ele morreram também as esperanças do povo em um tempo de paz e prosperidade. A base da pregação religiosa da reforma de Josias era a ideia deuteronomista de que Deus abençoaria quem respeitasse os preceitos da Aliança. A morte súbita daquele que mais defendeu essa ideia foi como um balde de água fria no povo, que apenas começava a ver com simpatia a necessidade do cumprimento da Lei do Senhor. Este foi o início do fim do reino de Judá.

Começa o fim

Com a morte de Josias, seu filho Joacaz assumiu o trono em 609 a.E.C. Necao conseguiu conquistar a Síria e se considerou senhor também de Judá. Aprisionou Joacaz, que estava apenas três meses no poder, e o exilou no Egito, onde terminou seus dias. Constitui rei a Eliacim, irmão de Joacaz, mudando-lhe o nome para Joaquim (2Rs 23,31–24,7). Este reinou de 609 a 598 a.E.C. Necao impôs a Judá um tributo anual de 100 talentos de ouro e 100 talentos de prata.[8] Para pagá-lo, Joaquim aumentou os impostos sobre o povo. Isso provocou a crítica e a oposição ferrenha de Jeremias.

No seu tempo, a Babilônia começou a aumentar seu domínio, avançando sobre as nações da região. Nabucodonosor, rei dos babilônios, realizou sua primeira expedição contra Judá, em 604 a.E.C. Joaquim também teve de lhe pagar tributos, por três anos. Tentou rebelar-se e sofreu nova investida babilônica (2Rs 24,1-7).

Com a morte de Joaquim, subiu ao trono seu filho Joaquin (Jeconias). Este ficou somente três meses no poder, pois os babilônios não toleraram seu governo, descrito como "mau" pelo 2º livro dos Reis. Jeremias também proferiu um oráculo contra ele (Jr 22,20-30). Nabucodonosor sitiou Jerusalém em março de 597 a.E.C. Aprisionou o rei e a corte, os dignitários e notáveis e os deportou para Babilônia. Levou também os tesouros do Templo e do palácio real. Deixou na terra somente a população mais pobre. Esta foi a primeira deportação babilônica sofrida por Judá. O rei Joaquin viveu trinta e sete anos na Babilônia, num cativeiro bastante suave, sendo tratado com regalias pelo rei até sua morte (2Rs 25,27-30).

---

[8] Cerca de 3.420 kg de ouro e prata. Jeremias proferiu um oráculo contra o rei Joaquim (Jr 22,13-19).

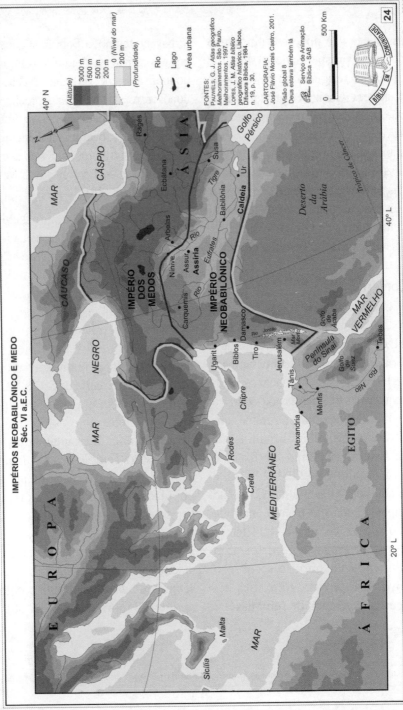

A queda definitiva

No lugar de Joaquin, Nabucodonosor pôs no trono de Judá Matanias, irmão de Josias e tio de Joaquin. Mudou-lhe o nome para Sedecias. Este reinou de 598 a 587/6, mas tampouco fez um bom governo (2Rs 24,18–25,21; 2Cr 36,11-16). Foi o último rei a ocupar o trono de Judá. O país continuou sendo vassalo da Babilônia. Poderia salvar suas instituições, se não fosse a obstinação de Sedecias em rebelar-se contra o império babilônico (cf. mapa n. 24).

Jeremias denunciava desde o tempo de Joaquim a excessiva confiança que o rei e o povo punham nas instituições, sobretudo no Templo. Ele não compartilhava da propaganda da época, segundo a qual a presença do Templo do Senhor na cidade já era uma garantia incontestável da proteção de Deus. Sua veemente denúncia da transformação do Templo num fetiche, que escondia a violência, a injustiça, o roubo e a idolatria, encontra eco na atitude de Jesus, sete séculos mais tarde (ler Jr 7,1-15; Mt 21,13). Mais uma vez, as exigências éticas da Aliança ficaram esquecidas, mantendo-se as aparências de uma religiosidade baseada em ritos externos. Era a religião, simbolizada no Templo, servindo de carapuça para esconder os verdadeiros interesses do Estado: o poder, o controle, o domínio, o enriquecimento iníquo às custas do povo.

Sedecias não deu ouvidos às críticas de Jeremias. Ele pediu ajuda ao Egito para fazer frente à Babilônia, contrariando os conselhos de Jeremias (Jr 37,5.7). O profeta pregava a submissão ao rei da Babilônia como única forma de sobrevivência da nação. Naquele contexto rebelar-se seria um suicídio. Os babilônios sitiaram Jerusalém. A ajuda do Egito foi insuficiente. O cerco continuou e a população de Jerusalém começou a viver em condições precárias de alimentação e água (2Rs 25,3). Vencidos pela fome e sede, o rei, sua corte, o exército e os habitantes tentaram fugir através de uma passagem que abriram na muralha da cidade, abandonando o povo. Mas os babilônios os perseguiram e aprisionaram. Os filhos de Sedecias foram degolados na sua presença, e ele teve seus olhos perfurados, sendo depois levado para o cativeiro na Babilônia (2Rs 25,5-7).

Nabucodonosor levou toda a riqueza que encontrou na cidade, deportou parte da população e matou os habitantes e funcionários que ainda se encontravam lá. A cidade ficou deserta (2Rs 25,8-21). Como aconteceu com o reino do Norte, também para o do Sul a aventura monárquica terminou na desilusão, na destruição e na morte. Perderam tudo o que pensavam que poderia dar-lhes segurança: a terra, a cidade, o rei e o Templo. O que restou?

Veremos no próximo estudo o que aconteceu no exílio da Babilônia e as lições que o povo tirou dessa amarga e dramática experiência.

Os abalos nas instituições de Judá

1. O rei e a dinastia davídica: para onde vai a "unção" do Senhor?

A promessa de Deus feita a Davi, de manter sempre um sucessor seu no trono de Jerusalém, era a "menina dos olhos" da monarquia judaíta (2Sm 7,12). De fato, a sucessão ao trono davídico se deu mais ou menos pacificamente de pai para filho, confirmando a palavra de Natã. Mas houve exceções. Quando as coisas foram ficando mais difíceis, também no reino de Judá havia tentativas de golpe para tomar o poder, como aconteceu frequentemente no vizinho reino do Norte. Quando um país imperialista dominava sobre Judá, a sucessão ao trono passava pela disputa, pelo poder e pela imposição de um monarca, pelo dominador do momento. Isso aconteceu nos governos de Atalia, Joaquim (Eliacim) e Sedecias (Matanias).

Atalia (841-835) era filha de Amri, rei de Israel, e mãe de Ocozias, rei de Judá. Foi a única mulher que, na Bíblia, efetivamente ocupou o cargo de rainha. Infelizmente o seu governo não foi em nada elogiável. Ocozias foi assassinado por Jeú, rei de Israel. Então, Atalia tomou o poder, assassinando os possíveis herdeiros do trono, seus próprios netos. Somente Joás, um dos filhos do rei, escapou da rainha-mãe, graças a Josaba, sua tia (2Rs 11,1-3). Mas depois de sete anos de reinado, Joiada, chefe do exército, soube da existência do herdeiro legítimo, Joás. Organizando uma rebelião, Joiada proclamou rei a Joás, com o apoio dos oficiais, dos sacerdotes e com a aceitação do povo. A rainha usurpadora foi aprisionada e executada (2Rs 11,11-16). Nesses episódios fica clara a influência do poder militar na condução da política em Judá. Sem o apoio militar seria difícil manter um monarca no poder. Contudo, a Bíblia continuará falando do rei como "ungido (messias) do Senhor".

Joaquim (609-598) era filho do rei Josias, mas foi imposto no trono pelo faraó Necao, no lugar de seu irmão Joacaz, após a morte de Josias. Por um lado salvou-se a dinastia davídica. Por outro, o rei deixou de ter autonomia. A imposição de outro nome para o rei, que se chamava Eliacim, era a confirmação dessa dominação. Joaquim pode ter sido empossado por Necao porque era mais favorável a uma política de alinhamento com os interesses egípcios. Afinal, em Judá sempre houve grupos internos que defendiam esses interesses (2Rs 23,34; 18,21).

Finalmente, Sedecias, último rei de Judá, irmão de Josias, foi também imposto por Nabucodonosor, após a deportação de Joaquin (Jeconias), seu sobrinho. Seu nome era Matanias. A mudança de nome, imposta por Nabucodonosor, representa também a vassalagem ao soberano babilônico. Mais uma vez, salvou-se a dinastia davídica, mas isso já não trazia nenhum benefício real para o povo. De que adiantava ter um descendente de Davi no trono, se quem mandava no país era, de fato, o opressor estrangeiro? A promessa da perpetuidade da dinastia de Davi, por si só, já não significava segurança, proteção e fidelidade para o povo.

Tendo sido exilado para a Babilônia, Sedecias foi o terceiro rei de Judá a terminar no exílio, depois de seus sobrinhos Joacaz (exilado no Egito em 609) e Joaquin (também exilado na Babilônia em 597), onde sobreviveu por alguns anos. Coube, portanto, a ele, como último rei de Judá, experimentar na própria pele o terrível fracasso da monarquia. A instituição de um rei não garantiu a realização do Projeto do Deus da vida, por mais que considerassem esse rei um "ungido do Senhor". No seu tempo caíram também os outros dois grandes pilares que sustentavam a sociedade judaica: Jerusalém e o Templo.

2. A cidade escolhida: o Senhor não mora em Sião?

Jerusalém sofreu três cercos ao longo de sua história. O primeiro foi no reinado de Ezequias, em 701 a.E.C., pelos assírios. Mas estes tiveram de suspender o cerco, e Senaquerib, rei da Assíria, não pôde conquistar Jerusalém (2Rs 19,35-36). Os habitantes da cidade ficaram aliviados ao ver os inimigos voltar para trás. Essa libertação "misteriosa" da cidade fora garantida pela palavra do profeta Isaías. Ele pregava a confiança no Senhor, que defenderia a sua cidade

(Is 37,1-7; 2Rs 19,20s). Mas, depois da retirada dos assírios, Isaías ficou irritado e decepcionado com o povo, porque este acabou interpretando a salvação da cidade como uma necessidade. O Senhor era obrigado a defender a sua cidade, independente da conversão do povo. Diante da euforia do povo, que não dava crédito à pregação profética que exigia a volta à ética da Aliança, Isaías mudou o discurso e começou a pregar a destruição da cidade.

O segundo cerco de Jerusalém se deu no ano de 597 a.E.C., no reinado de Joaquin, desta vez pelos babilônios. Depois de aprisionar o rei e a família real, bem como os altos funcionários da corte e exilá-los para Babilônia, Nabucodonosor saqueou a cidade. Mas não houve destruição (2Rs 24, 10-16).

O terceiro cerco se deu no governo de Sedecias, em 587 a.E.C. Este rei tentou sacudir o jugo babilônico imposto desde o governo anterior, de Joaquin. Pediu ajuda ao Egito. A estratégia era deslocar o foco da guerra mais para o Sul, deixando Jerusalém livre do cerco. Mas os babilônios afastaram os egípcios e mantiveram o cerco à cidade. Desta vez não teve escapatória: a cidade foi invadida, destruída e saqueada. Sua população foi deportada.[9] Quem resistiu foi morto (2Rs 25,1-21). Estava derrubada mais uma instituição na qual Judá depositara tanta confiança.

3. A casa do Senhor: "estamos salvos!"?

Do ponto de vista da sucessão ao trono, o reino do Sul foi muito mais estável, se comparado ao do Norte, apesar das turbulências que acabamos de ver. O mesmo não se pode dizer, porém, da política religiosa dos reis de Judá. Como já mostramos, todos eles, com exceção de Ezequias e Josias, receberam a desaprovação do redator deuteronomista, o autor dos livros dos Reis, onde encontramos as referências a esses monarcas. O refrão "fez o mal aos olhos do Senhor" sempre volta na avaliação deles, como foi para os do Norte. O problema em questão é quase sempre a existência dos "lugares altos", ou seja, do culto a Baal e a Astarte, localizado no alto de alguma colina. Nesses lugares se invocava a proteção para o povoado que ficava ao redor ou embaixo da colina. Não era simplesmente uma questão de prestar culto a essas divindades, mas de justificar e encobrir

---

[9] Cf. SCHWANTES M. *Sofrimento e esperança no exílio*. São Paulo, Paulus, 1987. O autor afirma que o mesmo sucedeu em outras cidades fortificadas e visava à desurbanização de Judá, restando somente os camponeses, que foram beneficiados com essa desgraça, pois as terras foram distribuídas entre os que ficaram nela.

por meio dele a opressão do povo. A relação do Estado com a religião não se limitava a combater as influências do baalismo, sempre danosas para a pureza da religião de Israel. A existência do Templo do Senhor, em Jerusalém, gerava e consolidava uma certa compreensão da religião como um braço do poder do rei. O Templo se tornou um instrumento de legitimação da ideologia monárquica centralizadora. Outras tradições bíblicas referentes a períodos anteriores admitiam o culto ao Senhor em outros lugares (ler Jz 6,24.28; 13,16; 1Rs 3,4; Jr 7,12). Mas a centralização do culto, no santuário de Jerusalém, "eleito pelo Senhor" como único lugar para sua habitação e onde se lhe prestará culto (Dt 12,5.11.21), servia aos interesses centralizadores dos reis, desde Davi.

Existia, porém, uma outra função do Templo, nascida da excessiva confiança do povo na presença do Senhor dentro de "sua Casa": o Templo servia como "garantia da proteção do Senhor". Afinal, quem desafiaria o Todo-Poderoso, o Senhor dos Exércitos, em sua própria habitação? A fé do povo na infalibilidade da ação do Senhor, em defesa de seus interesses, de sua "honra", de sua glória, acabou se tornando uma faca de dois gumes. Ao confiar demais na instituição, o povo passou a ver o Templo como um fetiche. O simples fato de ele estar ali já era garantia de salvação. O culto que se realizava ali era a certeza de que o povo estava "fazendo a sua parte", oferecendo os sacrifícios. Cumprir esses ritos cultuais seria, então, a única coisa necessária para "agradar" ao Senhor.

A separação entre o serviço do culto e a prática das exigências éticas da Aliança, em detrimento destas últimas, causou a deturpação do próprio conceito de Deus. Nessas condições, o Senhor já não era mais o Deus libertador do oprimido e construtor da nova sociedade baseada na justiça (Ex 3,7-10). Não era o Deus ético da Aliança no Sinai. Converteu-se num "ídolo" como os outros, que se satisfaz com ofertas e sacrifícios de animais, produtos do campo ou do trabalho.

Nessa concepção míope do que Deus exige de seus fiéis, ele fica reduzido a um ídolo que exige sacrifícios. Esse deus-ídolo não tem exigências éticas. É facilmente manipulado por reis, sacerdotes, teólogos, juízes e todos os que têm essa concepção de Deus. Sua ação em benefício daqueles que o "servem" é a retribuição pelos sacrifícios oferecidos. Sua intervenção na história é, portanto, uma ação mágica: cumpre-se um determinado rito (ação humana) e, automaticamente, obtém-se um "milagre" (ação divina). Nesse contexto, o Templo era um amuleto de sorte para o povo de Judá.

Todos os profetas, tanto do Norte como do Sul, denunciaram essa idolatria, a redução do Senhor a um ídolo qualquer. Denunciaram o culto pomposo sem a prática da justiça. Mas o profeta Jeremias foi o que mais claramente se posicionou contra essa transformação do Templo em fetiche, em uma espécie de "amuleto". Falaremos mais à frente desse vigoroso defensor do verdadeiro javismo e crítico da excessiva confiança nas instituições de Judá, sobretudo no Templo. Convém ressaltar agora, porém, a denúncia que ele fez no tempo do rei Joaquim (609-598): o Templo fora convertido em um "covil de ladrões". Nele, o povo todo, a começar pelo rei, oferecia sacrifícios sem fim, pretendendo, com isso, agradar a Deus. Mas praticavam todo tipo de abominação: roubos, assassinatos, adultérios, opressão... Daí diziam: "estamos salvos", como se os sacrifícios oferecidos bastassem para aplacar a ira de Deus ou garantir a sua bênção (Jr 7,4-11).

Essa instituição de Judá também caiu por terra com a invasão babilônica no tempo de Sedecias (587/6). O edifício foi destruído, queimado e seus tesouros foram saqueados e levados como despojos conquistados pelo invasor.

Tudo isso demonstra que o controle da religião passava também pelas mãos do rei, isto é, do Estado. Idealmente, caberia a ele praticar e fazer valer o javismo, a verdadeira religião. O fato de que os reis não exerceram corretamente esse papel, tanto em Judá como em Israel, justificou o surgimento dos profetas.

Os sincronismos na cronologia dos reis de Israel e de Judá

No Oriente havia o costume de marcar os grandes acontecimentos pelo ano do reinado do monarca. Cada império com suas províncias e cidades tinha o seu sistema unificado de contar os anos. Em Israel começou no tempo de Davi e Salomão. Quando o Reino Unido se dividiu, o autor dos livros bíblicos de 1 e 2 Reis fez uma sincronia ou um paralelo entre os anos de governo dos reis de Israel e de Judá. Daí nasceram os sincronismos israelita e judaíta. Chamava-se de sincronismo israelita, quando o início do governo de Israel era marcado pelo rei que estava governando no reino de Judá. Veja por exemplo 1Rs 15,25: "No segundo ano de Asa, *rei de Judá,* Nadab, filho de Jeroboão, *tornou-se rei de Israel* e reinou dois anos em Israel". Do mesmo modo acontecia quando assumia um rei de Judá; o referencial era o rei de Israel: "No vigésimo ano de Jeroboão, rei de Israel, Asa tornou-se rei de Judá [...]" (1Rs 15,9). Os compiladores de cronologia faziam isso porque consideravam os dois reinos como parte de um único povo, sendo que suas histórias eram estreitamente correlacionadas.

Como eram contados os anos de reinado entre os povos vizinhos de Israel?

Havia duas formas diferentes para contar o início dos anos de reinado de um monarca: a pré-datação e a pós-datação.

Na modalidade de pré-datação, o ano começava a ser contado no dia da subida ao trono ou da coroação do rei; sendo no meio do ano, o ano começava a ser contado a partir dessa data.

Na modalidade de pós-datação, o rei podia assumir o seu governo no meio do ano, mas os anos começavam a ser contados só a partir do início do ano civil. Esse meio ano de governo não era contado para ele, mas era computado para o rei anterior.

Qual dessas duas formas era usada em Israel?

É difícil afirmar com certeza absoluta. Mas, de forma geral, é aceita a modalidade da pré-datação para o período anterior a 587/6 e a pós-datação depois de 587/6, pelo fato de ser usada pela Babilônia e pela Pérsia, que dominaram sobre a região da Síria e da Judeia (cf. 2Rs 25,27). Essa diversidade no modo de contar os anos dos monarcas dá margem a uma diferença que oscila entre dez e dois anos. A cronologia até o final do reinado de Salomão (aprox. 931) é feita de suposições. Entre os historiadores, de Roboão (aprox. 931) até Amon (642-640) há uma divergência de até dez anos. De Josias (640-609) até o final do Primeiro Testamento, a diferença diminui para dois anos. Já nos períodos helenista e romano, a cronologia não traz problemas especiais.[10]

---

[10] Cf. AHARONI, Y. & AVI-YONAH, M. *Atlante della Bibbia.* Roma, Piemme, 1977. p. 11; SOGGIN, J. *Storia d'Israele.* Brescia, Paideia, 1984. pp. 513-559.

Roteiro para o estudo do tema

1. Oração inicial
Conforme a criatividade do grupo.

2. Mutirão da memória
Compor a síntese do conteúdo já lido por todos no subsídio. Caso as pessoas não tenham o subsídio, ficará a cargo do(a) líder expor a síntese.

Recurso visual
- Mapa do império assírio.

3. Partilha afetiva
Em grupos ou no plenário, conversar:
- Dentre as muitas dificuldades e lutas, surge uma esperança: a reforma de Josias.
- Já fizemos a experiência de uma mudança, após nossas lutas e dificuldades?
- Onde encontramos força para manter a esperança, mesmo em meio às contradições e dificuldades?

Recurso visual
- Encenação: montar o sótão com as coisas velhas e encenar a descoberta da Bíblia.

4. Sintonia com a Bíblia
Ler 2Rs 22,8–23,3.

A Lei da Aliança é encontrada na sacristia do templo. A profetisa Hulda adverte o rei Josias para acabar com a idolatria e a injustiça no reino do Sul. O rei e todo o povo renovam o pacto da Aliança e começa uma vida nova.

Diálogo de síntese
- Quais as passagens bíblicas que em um momento difícil foram força transformadora em nossa vida?

Lembrete: para a próxima reunião, cada pessoa traz uma ilustração de um fato atual da vida: Se não conseguir a ilustração, poderá contar alguma coisa que aconteceu e que o/a impressionou.

3º tema
Deus assume como sua a palavra daqueles que testemunham a Aliança

Isaías, Miqueias, Jeremias, Hulda... exerceram sua missão profética no Reino de Judá – ao Sul. Conhecemos suas profecias por meio dos muitos escritos bíblicos que surgiram nessa época.

Os profetas do Sul

Desde quando começou a monarquia com Saul, apareceram também os profetas como reação aos desmandos da monarquia. Inicialmente eles se relacionavam mais com os reis, convivendo com eles no palácio. Mas nem por isso podem ser considerados "profetas da corte", quase como funcionários do Estado. A começar por Samuel, no tempo de Saul e Davi, passando por Natã e Gad, com Davi e depois Aías de Silo com Salomão e Jeroboão I, os profetas sempre exerceram um papel crítico perante os monarcas. Durante a monarquia dividida, os profetas floresceram mais no Norte, onde as tradições javistas do tribalismo foram mais conservadas e também onde as realidades política, social e religiosa exigiam intervenções severas desses "homens de Deus". Então, os profetas foram tomando distância cada vez maior do rei e do palácio e se identificando mais com o povo, com os pobres, os excluídos do sistema. Assim fizeram Elias e Eliseu.

No Sul, durante o reinado de Salomão, e depois dele, não se ouve mais falar de profetas, até a segunda metade do século VIII a.E.C., quando surgiu o eloquente Isaías, no tempo do rei Ozias (740) e seus sucessores. Talvez esse "silêncio" no Sul se deva ao fato de que a teologia davídica, elaborada na corte, e a relativa paz em que vivia o reino de Judá, durante pouco mais de cem anos, inibiam o surgimento desses grandes críticos da sociedade, os profetas.

Os profetas eram os verdadeiros arautos do javismo, defensores da religião no seu sentido mais profundo. Eles eram uma instância crítica junto à monarquia, uma forma de "consciência popular" diante dos desmandos dos monarcas. Não foi em vão que eles denunciaram o culto externo desligado da prática da justiça. Os reis de Judá encontraram a crítica e a oposição frequentes de profetas da envergadura de Isaías e Jeremias, que exerceram seu ministério profético por três ou quatro décadas, vivendo as situações mais adversas. Isso exigiu deles uma constante fidelidade ao momento em que viviam e ao mesmo tempo à Palavra de Deus, da qual eram porta-vozes. Deviam atualizar a mensagem às novas situações, sem perder sua fidelidade ao passado. Isso não era uma tarefa fácil. A importância desses profetas mostrou-se também pela extensão dos livros que recolheram suas palavras: Isaías tem 66 capítulos[1] e Jeremias, 52.

Isaías

Foi Isaías quem rompeu o silêncio, de mais de um século, na profecia de Judá. Ainda jovem, recebeu a vocação profética um pouco antes da morte de Ozias, em 740 (Is 6,1-13). Exerceu o ministério profético por cerca de 40 anos, até o ano 700 aproximadamente. Sua pregação reflete a mentalidade de quem vive na cidade (Jerusalém) e conhece bastante a vida política, a corte e as atividades do Templo. Demonstra também muita sensibilidade pelos marginalizados, pelos excluídos daquela sociedade: as viúvas, os órfãos, os sem-teto (Is 1,17.23; 9,16; 10,2). Além disso, demonstra um conhecimento profundo da situação a sua volta, no cenário internacional.

Suas intervenções, suas palavras, suas ações simbólicas eram tão densas de sentido que não se esgotaram no seu tempo. Alcançaram um significado para além do próprio momento de Isaías. Assim foi interpretada a profecia do nascimento de um Libertador que ele chamou de Emanuel (= Deus conosco), por exemplo (Is 7,14); do "rebento de Jessé" (Is 11,1s) e da cegueira e surdez do povo (Is 29,18-19), entre outras.

No campo político, suas intervenções mais significativas foram duas: a primeira no tempo de Acaz (cerca de 732) e a segunda no tempo de Ezequias (cerca de 700). Acaz havia sido atacado por Faceias, rei de Israel, unido a Rason, rei de Damasco. Esses dois reis queriam forçar Judá a entrar numa coalizão militar contra a Assíria. Essa batalha ficou conhecida como a guerra siro-efraimita (2Rs 16,5-6). Isaías propôs ao rei neutralidade e confiança nos planos do

---

[1] O livro de Isaías compreende três grandes blocos: de 1-39 abrange o período da monarquia no reino de Judá. É conhecido como primeiro ou proto-Isaías. Nele predomina a profecia como denúncia das injustiças. De 40-55, no período do Exílio, é o segundo, ou dêutero-Isaías. Nele predomina a profecia como consolação e esperança de novos tempos. E, por fim, de 56-66, do pós-exílio, seu autor é identificado como terceiro ou trito-Isaías. A profecia aqui aparece com um caráter de anonimato, em um contexto do povo oprimido pelas elites de Jerusalém e do Templo, aliadas ao imperador persa. O conteúdo dessa mensagem profética é a denúncia da opressão e do culto vazio, e, por outro lado, o anúncio da boa-nova aos pobres e, ainda, o anúncio da restauração de Jerusalém e dos "novos céus e nova terra". O livro de Isaías é resultado de "tradições" diferentes.

Senhor[2] que, mais tarde, estaria afastando a ameaça daquelas duas "achas de lenha fumegantes" (Is 7,3-9). Mas Acaz preferiu contar com uma segurança mais palpável: pediu socorro a Teglat-Falasar, rei da Assíria (745-727). O socorro veio logo, mas o preço pago foi caro. Judá acabou se tornando um vassalo da Assíria (Is 8,5-10; 2Rs 16,7-9.17-18).[3]

No tempo de Ezequias aconteceu o cerco de Jerusalém pelos assírios, então comandados pelo rei Senaquerib (704-681). Dessa vez Isaías parecia desinteressado na questão. Mas sua imparcialidade foi sacudida diante das insolências proferidas pelo copeiro-mor de Senaquerib, que desafiava a confiança do rei e da população no Senhor para salvar a cidade. Na visão do invasor, o Senhor não poderia salvar Jerusalém, assim como os deuses do Egito e de outras cidades-estados da região não salvaram seus habitantes do jugo assírio (2Rs 18,33-35; 19,10-13). Isaías não pôde calar-se diante dessa afronta ao que ele considerava a atitude mais necessária do povo, que era a confiança no Senhor. Nas palavras do copeiro-mor, o Senhor não passaria de um "idolozinho" a mais, entre tantos que não tiveram força para evitar a vitória assíria. Procurado pelos funcionários do rei, Isaías, mais uma vez, vaticinou a derrocada do inimigo: a cidade não seria invadida (2Rs 19,6.21-28.32-34). De fato, o exército de Senaquerib suspendeu imediatamente o cerco e voltou a Nínive, sua capital.

Nunca se soube ao certo o que teria provocado a retirada repentina do exército assírio. Mas isso foi interpretado como uma intervenção miraculosa de Deus (2Rs 19,35; Is 37,33-38). Vendo, porém, a euforia do povo que festejava a retirada do inimigo, mas não reconhecia nisso um apelo do Senhor à conversão, Isaías condenou, sem hesitar, essa atitude. Para ele, aquela euforia toda era sinônimo de excessiva confiança do povo em si mesmo, como se o Senhor estivesse, de fato, satisfeito com o que acontecia na cidade, como se tudo estivesse bem e o povo não precisasse se converter. Por isso Isaías proferiu contra ele o "oráculo sobre o vale da Visão", decretando a futura destruição da cidade (Is 22,1-14).

---

[2] Cf. 1Sm 15,22; Is 1,10-16; 29,13-14; 58,1-8; Am 5,21-27; Os 6,6; Mq 6,5-8; Jr 6,20; Jl 2,13; Zc 7,4-6; Sl 40,7-9.

[3] Cf. na Bíblia de Jerusalém nota a 2Rs 16,18.

Isaías foi o primeiro profeta de Judá cujas palavras foram registradas por escrito na Bíblia, em um livro que leva seu nome. Atualmente esse livro tem 66 capítulos, mas somente os primeiros 39, excetuando-se os 24–27 e 34–35, contêm as palavras do profeta do século VIII, que viveu e atuou no reino do Sul. Os demais capítulos, inseridos posteriormente na sua obra, demonstram que Isaías "fez escola", isto é, sua mensagem encontrou eco na pregação de outros profetas que lhe seguiram os passos, mesmo após sua morte.[4]

Miqueias e Sofonias

Outros profetas desse período, cujos livros são menores, mas não menos contundentes, criticaram a situação do país, exortando-o à conversão. Todos eles, no fundo, propunham uma profunda mudança no estilo de vida que aproximasse mais a sociedade judaica daquele ideal delineado na Aliança com o Senhor. Assim, temos Miqueias e Sofonias como porta-vozes da mensagem divina naqueles contextos bastante complexos nos quais viveu o reino de Judá.

Miqueias, analogamente a Amós, do Norte, denunciava os abusos sociais, sobretudo contra os camponeses (Mq 2,1-5) do Sul. Anunciava a superação do reino de Davi, já idealizado, pela esperança de um novo rei-messias (Mq 4,1-5; 5,1).[5]

Sofonias defendia o lado do povo simples, dos pobres, daqueles que viviam com retidão e justiça,[6] contra uma sociedade que privilegiava os ricos e poderosos. Proclamava o "Dia do Senhor" em Judá como dia de manifestação do seu poder contra a infidelidade do povo idólatra, dos chefes violentos, dos comerciantes fraudulentos e dos incrédulos. Fazia um apelo à conversão, proferindo oráculos contra as nações e contra Jerusalém. Fez uma promessa de salvação: "rejubila, filha de Sião, solta gritos de alegria, Israel! [...]. O Senhor revogou a tua sentença, eliminou o teu inimigo. O Senhor, rei de Israel, está no meio de ti" (Sf 3,14-15).

---

[4] O livro atual de Isaías traz nos capítulos 1–23 e 28–33 oráculos originais do profeta, com pequenos acréscimos; dos caps. 24–27, o "grande apocalipse", de acréscimo posterior; caps. 34–35, "pequeno apocalipse" também de acréscimo posterior; os caps. 36–39 trazem textos biográficos; os caps. 40–55 são oráculos do segundo Isaías, profeta do exílio da Babilônia, e os caps. 56–66 são do terceiro Isaías, do pós-exílio.

[5] Cf. Konings J. *A Bíblia, sua história e leitura*: uma Introdução. Petrópolis, Vozes, 1992. p. 72.

[6] Cf. Konings, *A Bíblia...*, cit., p. 72.

Hulda, a voz das mulheres na profecia

Não podemos esquecer, nesse período, a significativa atuação da profetisa Hulda. Ela interveio no tempo de Josias, para confirmar a "autenticidade" das palavras contidas no Livro da Lei encontrado no Templo e dar seu parecer favorável à reforma religiosa pretendida pelo rei. As palavras[7] claras e contundentes de Hulda (2Rs 22,15-20) foram acolhidas pelo rei como a expressão da própria vontade de Deus, pois, como profetisa, foi procurada pelos funcionários do rei para "consultar ao Senhor" (2Rs 22,13). Hulda é importante pelo fato de ser a única mulher citada na Bíblia que exerceu o ministério profético, cujas palavras foram registradas por escrito, num livro que não levou seu nome.

Jeremias

Jeremias também deixou marcas profundas na história do reino do Sul, onde atuou também por cerca de 40 anos. De tantos profetas que previram a ruína do povo por sua surdez aos "oráculos do Senhor", Jeremias foi talvez o único que teve a infelicidade de ver acontecer a desgraça que anunciara. Viveu os momentos mais eufóricos da reforma religiosa promovida por Josias e também os momentos mais dramáticos da queda vertiginosa de seu povo, após a morte do reformador, até à destruição de Jerusalém e às deportações para a Babilônia.

Jeremias, o escolhido e enviado

Jeremias recebeu a vocação profética ainda bastante jovem, como Isaías (Jr 1,4-10). Jeremias quis furtar-se à missão que lhe reservava o Senhor, certamente por intuir a responsabilidade que ela acarretava, para a qual não se sentia preparado. Mas Deus mesmo colocou-se como garantia da eficácia de suas palavras, antecipando seu socorro diante dos que, com certeza, iriam perseguir o profeta por causa de sua palavra (Jr 1,8.17-19).

Não é fácil resumir a vida e a atuação desse profeta tão marcado pelos revezes da história. Suas atitudes vão de um extremo a outro, como já se delineava nas palavras de Deus no relato de sua vocação: "Vê! Eu te constituo, neste dia, sobre as nações e sobre os reinos, para arrancar e para destruir, para exterminar e para demolir, para construir e para plantar" (Jr 1,10).

Jeremias é o profeta das contradições. Embora tivesse reconhecido que o Senhor o conhecia e o con-

---

[7] Cf. KONINGS, *A Bíblia*..., cit., p. 73.

sagrara antes de ser concebido no ventre materno (Jr 1,5), chegou até a amaldiçoar o dia em que nasceu (Jr 20,14-18), num momento de crise interior. E enquanto todos ansiavam por uma intervenção do Senhor para salvar o seu povo das mãos de Nabucodonosor, rei da Babilônia, Jeremias apregoava a rendição ao dominador estrangeiro, sendo considerado traidor da pátria (Jr 37,13). Isso não significa que Jeremias estivesse de acordo com a dominação da Babilônia, mas era a única forma de o povo não ser aniquilado e assim poder manter a sua identidade e sobrevivência, na certeza e confiança de que um dia também esse poder cairia. E, então, o resto de Israel poderia reconstruir a sua história.

No início de seu ministério profético, Jeremias apoiou as reformas de Josias (640-609), assumindo o discurso deuteronomista que representava o espírito das reformas (Jr 11,2-14). Após a morte de Josias, ele viu crescer, até se desviar, a valorização dos preceitos da Aliança referentes ao culto e ao Templo. A reforma de Josias propunha uma valorização dos preceitos da Lei, mas o povo levou isso longe demais, supervalorizando a parte ritual e omitindo a parte ética. No tempo de Joaquim (609-598), o Templo já se tornara um fetiche para o povo de Judá. Como já vimos antes, Jeremias condenou veementemente essa perversão do sentido do Templo. Os textos de Jr 7,1–8,3 e 11,15-17 conservam as críticas do profeta à instituição do Templo e ao culto desacompanhados da prática da justiça.

Templo, profanação do lugar sagrado

A acusação de que o Templo se transformara num "covil de ladrões" (Jr 7,11) é a expressão mais forte da utilização de uma instituição que gozava do respaldo de Deus para esconder a prática da corrupção, contrariando a vontade do Deus que cultuavam no Templo. O "covil" é o esconderijo que serve de refúgio, de abrigo e de proteção para os ladrões. É o lugar onde eles se sentem à vontade, em casa. Por conseguinte, aqueles que frequentam esse "covil" identificam-se com "ladrões". Jeremias não teria outra expressão melhor para traçar o perfil dos dirigentes da nação, sobretudo naquele tempo em que o rei Joaquim havia aumentado os impostos sobre o povo para pagar o tributo exigido pelo faraó: nada menos que 200 talentos em ouro e prata (ao todo 6.840 kg!).

A denúncia corajosa de Jeremias custou-lhe a liberdade e quase a própria vida (Jr 18,18; 26,8-9.11.16 etc.). Tal coragem repetiu-se no gesto de Jesus, ao expulsar os vendilhões do Templo (Lc 19,45-46).

Encontramos um paralelo dessa situação no regime do Padroado brasileiro, semelhante ao das outras colônias latino-americanas. A instituição religiosa nas mãos do Estado colonizador servia de "capa". Escondia a prática do roubo, do saque do ouro e da prata dos templos e das minas. Encobria a exploração destruidora dos produtos naturais e da produção agrícola e industrial dos povos conquistados. Mas esses povos não eram considerados povos estranhos, senão "súditos" de Sua Alteza, isto é, cidadãos do reino de Portugal ou da Espanha. Daí a maior perversidade do sistema: os colonizadores exploravam os povos dos quais eles pretendiam ser irmãos, pela mesma fé e pelo mesmo batismo, pela mesma religião que os submetia todos a um só Deus.

Naum e Habacuc

Naum dava asas ao sentimento de alegria do povo ao ver a derrota do seu opressor, a Assíria, cuja capital, Nínive, havia sido tomada pelos babilônios em 612 a.E.C. Apesar de pouco ortodoxo, porque parece dizer "bem feito" a quem está pagando pelo mal que fez, o profeta ensina que todo opressor terá o seu dia... E renova a esperança do povo não com sentimento de vingança, mas como certeza do juízo de Deus sobre a história.

Habacuc, entretanto, um pouco mais tarde que Naum, vendo as intenções conquistadoras dos babilônios, que "puniram" os assírios, lamenta profundamente o crescimento da violência, da guerra, que só traz miséria e sofrimento para o povo. Por mais que ficassem satisfeitos pela vingança contra o opressor, seu desejo mais profundo era a paz e a concórdia entre os povos.

Os escritos da época do reino de Judá

Os livros proféticos

Já falamos dos profetas cujos escritos trazem seus nomes: Isaías, Miqueias, Sofonias, Jeremias, Naum e Habacuc. Podemos situar a redação de seus livros no contexto do reino de Judá, entre os anos 740 e 587 a.E.C., exceto os capítulos 24–27, 34–35 e 40–66 do livro de Isaías. Como já vimos, esses capítulos foram acrescentados posteriormente. É necessário, porém, esclarecer que esses profetas não exerceram atividade literária diretamente. Tampouco seus livros foram redigidos no decurso da vida do profeta. O único caso conhecido na Bíblia da atividade literária contemporânea ao próprio profeta é o de Jeremias. Em Jr 36,2-4.28.32 o profeta aparece ditando ao seu secretário Baruc as palavras que o Senhor lhe mandara comunicar ao rei Joaquim. E em 29,1 temos o texto de uma carta do profeta aos exilados. Mesmo assim, devemos levar em consideração que os livros proféticos são fruto das suas pregações e foram escritos provavelmente após sua atividade e até mesmo após sua morte.

Os oráculos proféticos eram, de modo geral, reunidos primeiro em coletâneas. Depois surgiram os textos biográficos e, por fim, a composição do livro segundo uma determinada organização.

Primeiro Isaías: 1–39

A primeira parte do livro de Isaías (proto-Isaías) não é obra apenas de um autor. São normalmente atribuídos a Isaías os oráculos sobre Judá e Jerusalém (Is 1–12), parcialmente os oráculos sobre as nações (Is 13–23) e no seu conjunto os "ais" contra Israel e Judá (Is 28–33). Os oráculos conhecidos como "O grande Apocalipse" (Is 24–27) e o "Pequeno Apocalipse" (Is 34–35) são considerados pós-exílicos, bem como o apêndice histórico (Is 36) tirado de 2Rs 18,13–20,19. Esse acréscimo revela a preocupação de confirmar historicamente os oráculos anunciados pelo profeta.

Miqueias

Diversas mãos colaboraram até a redação final do livro de Miqueias. São atribuídos a esse profeta do século VIII, os capítulos 1–3 e 6,1–7,6. Neles aparecem oráculos de ameaça e condenação contra Israel e seus chefes exploradores como: "Aqueles que comeram a carne de meu povo, arrancaram-lhe a pele [...]" (Mq 3,1-3). Outros textos como 2,12-13 e 7,8-20 são situados no pós-exílio, na época do retorno à terra. Enquanto os capítulos 4–5 são de difícil localização e trazem promessas de salvação para Sião.

Sofonias

O livro é pequeno. Depois da apresentação do profeta (Sf 1,1), fala do Dia do Senhor como "um dia de ira" contra Judá e Jerusalém (Sf 1,2–2,3), contra as nações vizinhas (Sf 2,4-15), contra Jerusalém, a cidade rebelde (Sf 3,1-8). Mas o profeta abre também o espaço para uma promessa de salvação: "[...] darei aos povos lábios puros, para que todos possam invocar o nome do Senhor [...]" (Sf 3,9). O livro passou por diversas mãos, em períodos diferentes, até sua redação final.

Naum

O livro de Naum apresenta no prelúdio um salmo sobre a ira do Senhor (Na 1,2-8) e sentenças proféticas contra Judá e Nínive (Na 1,9–2,1). Depois anuncia a destruição de Nínive, capital da Assíria, que arrasou com o reino de Israel, Norte (Na 2,2–3,19).

Habacuc

O livro apresenta duas partes. Na primeira, aparece o diálogo entre Deus e o profeta. O tema central é a justiça de Deus na história. Não aparece no texto uma solução teórica nem prática para o problema. O impasse é superado pela atitude de fé do profeta. Ele acredita que é Deus quem julga e condena toda a forma de opressão (Hab 1,2–2,4). Na segunda parte, o profeta profere cinco "ais" contra a avidez dos conquistadores, os que se enriqueceram por meio de ganhos ilícitos, a política de violência, o cinismo dos conquistadores e a idolatria (Hab 2,5-20). Por fim, o profeta faz um apelo à intervenção do Senhor, por meio de uma oração de lamentação (Hab 3,1-19).

Jeremias

A formação do livro de Jeremias é muito complexa, tendo passado por diversas mãos. Há um consenso em atribuir ao profeta os oráculos em poesia proferidos contra Judá (Jr 1,1–25,13a). Os textos que narram uma espécie de biografia de Jeremias foram elaborados pelo seu secretário Baruc, para enaltecer o mestre e mártir dando ênfase ao seu sofrimento (Jr 26,1–29,32 e 34,1–45,5). O Livro da Consolação provavelmente nasceu no contexto do exílio da Babilônia (Jr 30,1–33,26), e os oráculos contra as nações, embora sejam atribuídos no seu núcleo a Jeremias, sofreram, porém, acréscimos posteriores (Jr 25,13b-38; 46,1–51,64). No apêndice o livro retoma 2Rs 24,18–25,30; mostra a realização das ameaças do profeta.[8]

Baruc

O livro de Baruc não se encontra na Bíblia hebraica e sim na Bíblia grega. Também ele é obra de muitas mãos. Ele inicia com uma introdução histórica que apresenta Baruc lendo para os exilados na Ba-

---

[8] Jr 52,1-34 retoma com alguns acréscimos 2Rs 24,18-25.30, que corresponde em parte a Jr 39,1-10 e foi acrescentado a Is 36–39 com a mesma finalidade: confirmar os fatos históricos e suscitar a esperança do fim do cativeiro.

bilônia os seus escritos e por eles é enviado a Jerusalém para lê-los nas assembleias litúrgicas (Br 1,1-14). Segue uma oração penitencial (Br 1,15–3,8), um poema sapiencial (Br 3,9–4,4) e uma exortação e consolação a Jerusalém (Br 4,5–5,9). Nas Bíblias católicas o livro termina com o cap. 6, a Carta de Jeremias aos exilados da Babilônia. Na Tradução Ecumênica da Bíblia esse capítulo constitui-se, num escrito à parte, logo após o livro de Baruc.

A fusão das obras javista e eloísta

Supõe-se que foi no reino do Sul, durante o reinado de Ezequias, que as tradições do Norte foram fundidas com as do Sul. A "narração eloísta", trazida pelos que fugiram da invasão assíria ao reino de Israel, foi unida à "narração javista", já fixada em Judá. Nessa fusão, destacou-se mais a tradição javista, ficando a eloísta mais diluída nos livros do Pentateuco. Isso reflete a situação política daquele momento: o Norte já não tinha liderança; estava espalhado pelos territórios assírios ou pelo reino de Judá. O Sul passou a ser, daí por diante, o guardião da tradição de Israel.[9]

Os textos que deram origem à "Obra Deuteronomista"

Sem entrar ainda nos detalhes dessa vasta obra literária e historiográfica, que reflete uma das correntes teológicas de pensamento dentro da Bíblia, podemos apenas adiantar que a maior parte do que sabemos sobre os reis de Judá, como também dos reis de Israel, provém de 1 e 2 Reis.[10] Esses livros fazem parte da obra historiográfica que convencionamos chamar de "Obra Deuteronomista", por ter como princípio teológico fundamental o livro do Deuteronômio. Essa obra abrangia inicialmente os atuais livros do Deuteronômio, Josué, Juízes, os dois livros de Samuel e os dois dos Reis. Pretendia fazer uma recapitulação de toda a história de Israel, desde a partida do Sinai até o último rei de Judá, na época da deportação para Babilônia. Alcançava, portanto, um arco de tempo de mais ou menos sete séculos.

Segundo alguns estudiosos, houve pelo menos três grandes redações da historiografia deuteronomista, até que todo o conjunto ficasse acabado. Uma boa parte teria sido escrita no tempo de Josias,

---

[9] Cf. Konings, *A Bíblia*..., cit., p. 72.

[10] A outra fonte bíblica de que dispomos é a literatura cronista (1 e 2 Crônicas, Esdras e Neemias), que se baseia na deuteronomista (Deuteronômio, Josué, Juízes, 1 e 2 Samuel e 1 e 2 Reis).

tomando como base o que seria o núcleo do atual Deuteronômio (Dt 12,1–26,15). Outra parte teria sido escrita no exílio e outra no pós-exílio, quando se juntou tudo. Os estudiosos aceitam o fato de que os autores deuteronomistas se serviram de fontes orais e escritas, isto é, de textos e narrativas provavelmente já escritos antes deles. Podemos citar como escritos do período de existência do reino do Sul, os seguintes textos da Obra Deuteronomista:

Deuteronômio 12,1–26,15

Esse é o conjunto de normas que recebeu o título de Código Deuteronômico. Em grandes linhas, corresponde ao "Livro da Lei do Senhor" encontrado no Templo durante as reformas de Josias (2Rs 22,8s). "Reúne sem ordem aparente diversas coleções de leis de diferentes origens, algumas das quais devem provir do reino do Norte, de onde teriam sido introduzidas em Judá depois da queda da Samaria. Este conjunto que leva em conta a evolução social e religiosa do povo devia substituir o antigo Código da Aliança"[11] (Ex 20,22–23,19). Com efeito, este último estava ultrapassado em alguns pontos, carecendo ser atualizado e completado,[12] o que deve ter sido feito por uma leitura deuteronomista, na corte de Josias, na perspectiva de sua reforma religiosa.

Por trazer uma variedade tão grande de normas sobre os mais diversos aspectos da vida familiar, social e religiosa, podemos citar aqui, apenas a título de exemplificação, algumas delas: a lei da centralização do culto (Dt 12,1-16); a proibição de comer sangue (Dt 12,23-25); a crítica aos cultos cananeus à idolatria (Dt 12,29–14,2); o dízimo (Dt 14,22-29); a Páscoa e outras festas (Dt 16,1-17); a lei sobre a remissão das dívidas a cada sete anos (Dt 15,1-11); o perfil do rei ideal[13] (Dt 17,14-20); as leis acerca da família, com destaque para o divórcio (Dt 24).

Deuteronômio 4,44–11,32

Esses capítulos apresentam-se como um longo discurso de Moisés e servem de introdução ao Código Deuteronômico (Dt 12–26). Em Dt 4,44-49 há uma breve referência de lugar e tempo. No capítulo 5 começa o grande discurso de Moisés, que inicia com o Decálogo ou Dez

---

[11] Cf. na Bíblia de Jerusalém nota a Dt 12–26.

[12] Cf. SICRE J. L. *Introdução ao Antigo Testamento*. Petrópolis, Vozes, 1995. p. 126.

[13] Depois de rejeitar a opulência salomônica, o texto induz à identificação de Josias como sendo o rei ideal.

Palavras (Dez Mandamentos). Essa versão é só um pouquinho diferente da que se encontra em Ex 20,2-17. Moisés continua falando ao povo, exortando-o a pôr em prática os preceitos da Aliança. Em Dt 6,4-5 encontramos a famosa exortação que se tornou uma oração obrigatória, uma espécie de "profissão de fé" para Israel, conhecida como *shemá*; "Ouve, ó Israel, o Senhor, nosso Deus, é o único senhor! Portanto, amarás o Senhor teu Deus com todo o teu coração, com toda a tua alma e com toda a tua força". Essa oração foi retomada e aperfeiçoada por Jesus como resumo de toda a Lei, incluindo o amor ao próximo (Mt 22,37).

Para alertar o povo contra os perigos da infidelidade aos preceitos divinos, Moisés o faz relembrar as provações pelas quais passou (Dt 7,17-26; 8,1-6); os pecados que cometeu e as intercessões de Moisés pelo povo (Dt 9,7-29); os benefícios recebidos do Senhor (Dt 7,7-16; 9,1-6; 11,1-7) e os sinais que Deus colocou no meio do povo como símbolos da Aliança firmada com ele: a Arca da Aliança, com as tábuas de pedra contendo os Dez Mandamentos (Dt 10,1-11), e a circuncisão. Lembra que a "circuncisão do coração" é que interessa a Deus (Dt 10,12-22). Reitera a necessidade do cumprimento fiel dos preceitos de Deus (Dt 6,14-25), sobretudo quando o povo estiver habitando a terra prometida, onde a tentação de infidelidade será maior (Dt 7,1-6). Termina seu discurso citando as bênçãos que virão do cumprimento dos preceitos e as maldições que cairão sobre os que não os cumprirem (Dt 11,8-17). Os quatro últimos versículos concluem de novo pedindo o cumprimento das palavras do Senhor e a necessidade de ensiná-las aos filhos (Dt 11,18-21).

Deuteronômio 28

Esse capítulo é a sequência natural de Dt 26,16-19 e 27,9-10, no qual o Código Deuteronômico tinha sido apresentado como o documento do tratado entre o Senhor e Israel. O capítulo fala sobre as bênçãos (Dt 28,1-14) e as maldições (Dt 28,15-46), que cairão sobre os que cumprem ou não os preceitos de Deus. Em Dt 28,47-68, desenvolve mais as consequências que cairão sobre o povo, quando se tornar infiel ao Senhor, reforçando o apelo para cumprir os preceitos.

Alguns provérbios

O livro de Provérbios reúne uma grande quantidade de máximas da sabedoria, sem ordem aparente. Vamos considerar alguns capítulos que são situados nessa época: Pr 10–22 e 25–29. Essa coleção parece ser a parte mais antiga do livro e é chamada de "coleção salomônica" talvez por sua antiguidade, que poderia remontar ao tempo de Salomão, famoso por sua sabedoria. Os dois blocos iniciam com uma menção a Salomão (10,1; 25,1). O que nos faz pensar que esses ditados foram escritos e/ou reunidos nessas duas coleções na época do reino de Judá, é a informação de 25,1b: quem fez o trabalho de transcrevê-los foram os "homens de Ezequias, rei de Judá".

Alguns salmos

O *Sl 64* traz como tema o castigo dos caluniadores. Reflete a visão da lei do talião, pedindo para os caluniadores a mesma "flechada" que eles lançam contra o justo (v. 4). O salmo reflete uma situação semelhante a de Jeremias (Jr 9,2). Deus conhece o coração do homem (v. 7; Jr 11,20) e por isso julgará corretamente, fazendo a alegria do justo (v. 11).

Nos *Sl 46* e *Sl 48* o Senhor é a fortaleza do povo. Sião é a montanha de Deus. Os dois salmos são cânticos de Sião, hinos que refletem a escolha do Senhor pela cidade de Jerusalém (Sião). Esse espírito de euforia pela presença do Senhor na cidade e no santuário, libertando-os dos inimigos (Sl 46,4-10), corresponde ao clima presenciado e denunciado por Isaías quando da retirada dos exércitos de Senaquerib, em 701 (2Rs 19,35; Is 17,14; 22,1-2). O salmo 48 parece refletir também o fracasso da coalizão siro-efraimita contra Judá, em 732 a.E.C.

O *Sl 31* é uma súplica na provação. Tem muitos pontos de contato com a prece de Jeremias quando estava sendo perseguido (Jr 20,10-13). Poderia muito bem ter sido composto a partir das "confissões de Jeremias", onde a temática de confiança no Senhor que salva o perseguido é muito forte.

O *Sl 80* é uma oração pela restauração de Israel, após a destruição de Samaria pelos assírios, em 721 a.E.C. Pode se referir também à destruição de Jerusalém pelos babilônios em 587/6 a.E.C. No primeiro caso, ele teria sido composto por algum sobrevivente que ficou na terra ou que escapou para o Sul. Recorda com detalhes a invasão e a destruição da "vinha" (o povo) do Senhor e a desolação em que a terra ficou.

O *Sl 81* é um hino para a Festa das Tendas. Essa era a festa por excelência em Israel. Comemorava a estada no deserto e a Lei recebida no Sinai.

O salmo está impregnado do espírito deuteronomista, sobretudo nos vv. 7-17. Corresponde ao fervor religioso de observância da Lei, que nasceu no povo com as reformas de Josias.[14]

Escritos sobre a época

1 Reis 14 a 2 Reis 25

Se considerarmos que toda a obra deuteronomista foi escrita posteriormente aos fatos nela narrados, então os capítulos de 1Rs 14 a 2Rs 25 foram escritos *sobre* a época do reino do Sul, mas não são da época. São muito posteriores. O conjunto traz um resumo bem esquematizado dos reis de Judá e de Israel, numa leitura sincronizada, alternando os reis de cada um dos reinos. Alguns reis, como já vimos, ganharam mais destaque na obra, enquanto outros foram sumariamente avaliados com a frase-refrão: "fez o que é mau aos olhos do Senhor".

2 Crônicas 10-36

Os textos da obra cronista retomam o período da monarquia em Israel, contida em 1 e 2 Reis, mas omite aquilo que se refere ao reino do Norte. Em outras palavras, ignora o reino de Israel. Depois da cisão em dois reinos, só fala do Sul, mostrando sua irresistível preferência pelo que é do reino "davídico".

Eclesiástico 48,17-49,7

Recorda alguns personagens importantes do passado do povo. Avalia negativamente o conjunto dos reis de Judá, com exceção de Davi, Ezequias e Josias (49,4), que são elogiados. Dá destaque a Ezequias (48,17-21), ao profeta Isaías (48,22-25) e a Josias (49,1-3). Tal avaliação corresponde ao espírito deuteronomista, que explica a desgraça da nação pelas infidelidades dos reis (49,4b-5). Faz também uma menção pessoal ao profeta Jeremias (49,7).

Conclusão

Percorrendo a caminhada do Reino de Judá, nos seus 345 anos de existência, pudemos perceber alguns pontos marcantes. O que mais nos chamou a atenção foi o dano que causou ao povo a sacralização do poder, de um lado, e a manipulação da religião, de outro. Fiado em suas instituições, que gozavam da bênção e proteção do Senhor, o povo de Judá e seus líderes se desviaram a passos largos do projeto inicial proposto por Deus para seu povo.

---

[14] Cf. na Bíblia de Jerusalém nota a Dt 28,1.

Percebemos também que, quando o ritualismo toma o lugar da sinceridade do coração no culto a Deus, o resultado é a desvirtuação do sentido do próprio culto. Este passa a ser uma espécie de "máscara" que se coloca somente quando se vai prestar culto. No dia a dia, na vida real, aparece a verdadeira face. O ritualismo acentuado faz também o povo esquecer as exigências éticas da própria religião. Sem praticar a justiça, resumo de todas as exigências possíveis nas relações entre os membros da sociedade, o povo e seus líderes foram transformando a religião numa ideologia legitimadora do poder opressor, o culto numa bajulação da divindade, o Templo num fetiche com poderes mágicos. O próprio Deus ficou reduzido a um ídolo, um baal a mais.

Os reis de Judá, por via de regra, usufruíram desse sistema que unia a Religião e o Estado, com maior ou menor manipulação da boa-fé do povo. Alguns se esforçaram por melhorar as coisas, promovendo algumas reformas. Mas, como toda reforma nunca mexe no que é essencial (as estruturas), o esforço foi inútil para evitar a catástrofe nacional.

As lições que podemos tirar da história de Judá são muitas. Neste estudo procuramos ressaltar a relação entre o Estado, representado pelo rei, e a Religião, representada pelo Templo. A monarquia nascera em Israel já marcada pela dicotomia: o Senhor era o único rei, mas o povo queria um rei terreno. O rei estava entre o Senhor e o povo, mas não poderia se arvorar em único intermediário e intérprete da vontade divina. Teria de se submeter à voz crítica dos profetas. Seria o guardião da religião, enquanto zelador dos preceitos emanados por Deus, mas estaria submisso a eles, nunca acima deles.

Pelo visto, nenhum rei em Judá chegou a realizar a síntese perfeita entre essas dicotomias. De um modo ou de outro, todos eles, mesmo os bons reformadores, como Ezequias e Josias, viveram a relação do Estado com a religião como um "casamento em regime de comunhão total de bens", mas com os papéis bem definidos: os "bens" ficam com o "marido" (o Estado). Os "bens" são o povo, a nação, tudo o que ele tem e produz. O Estado se utiliza do trabalho da "esposa" (a Religião), para legitimar o seu domínio e a posse dos "bens".

Neutralizando, pois, as exigências éticas da religião javista, o Estado monárquico de Judá aniquilou a única possibilidade de construir uma sociedade segundo o projeto do Deus da vida, baseada na justiça. O destino de uma sociedade sem ética é a destruição total, para dano de todos, rei e povo. Foi o que mostrou, infelizmente, a experiência de Judá.

LINHA DO TEMPO: PERÍODO DA MONARQUIA DIVIDIDA – REINO DE JUDÁ – SUL (931-587)[14]

Império	Assíria			Babilônia
Anos	931 a.E.C.	718 a.E.C.	640 a.E.C.	609 a.E.C.
Período	Monarquia dividida — reino de Judá			
Personagens não bíblicos	Sargão II (705) Assurbanipal (681)			
Personagens bíblicos	Roboão, Isaías, Acaz, Miqueias	Ezequias, Sofonias, Manassés	Hulda, Josias	Jeremias, Joaquim, Naum, Sedecias
Realidade, problemas e situação do povo	• Capital: Jerusalém • Injustiças • Duros impostos • Ameaça assíria • Alianças políticas • Sincretismo religioso • Esperança messiânica • Influência dos profetas	• Vassalos da Assíria • Tentativas fracassadas de reforma • Corrupção • "Guerra suja" • Impunidade • Confusão • Endividamento sem saída	• Reforma deuteronomista (620) • Pressão do "povo da terra" • Eliminação de santuários • Centralização do culto • Reforma do clero • Renovação da Aliança • Leitura profética da história	• Decadência • Corrupção • Desintegração de instituições • Volta ao modelo de Manassés • Politicagem • Ideologia justificadora da opressão • Destruição de Nínive (612 a.E.C.) • Primeira deportação para a Babilônia (598 a.E.C.)
Escritos bíblicos da época	Proto-Isaías (1-39) Miqueias Salmo 64	1º núcleo do Deuteronômio Sofonias União de Sofonias União Javista e Eloísta Pr 10–22; 25–29 Salmo 46 e 48	Dt 5–26; 28(?) Salmo 31; 80; 81	Jeremias Naum Habacuc Baruc
Escritos bíblicos sobre a época	1Rs 12;15 2Rs 11–16 2Cr 10–28 Is 1–12; 28–39	2Rs 18–21 2Cr 29–33	2Rs 22–23 2Cr 34–35 Eclo 49	2Rs 24–25 2Cr 36 Jr 1–45

---

[14] Fonte: História do Povo de Deus – linha do tempo em *A Formação do povo de Deus*, de CRB (São Paulo, Loyola, 1990), apêndice 5, coleção Tua Palavra é Vida.

Roteiro para o estudo do tema

1. Oração inicial
Conforme a criatividade do grupo.

2. Mutirão da memória
Compor a síntese do conteúdo já lido por todos no subsídio. Caso as pessoas não tenham o subsídio, ficará a cargo do(a) líder expor a síntese.

Recurso visual
As ilustrações de fatos que foram trazidas por cada um(a).

3. Partilha afetiva
Em plenário ou em grupos: Cada um(a) apresenta e descreve a ilustração que trouxe, ou conta o fato que o(a) impressionou.

4. Sintonia com a Bíblia
Ler Jr 29,1-15 – A carta do profeta aos exilados.
- Jeremias fala em nome de Deus e renova a esperança dos que estavam no exílio.
- Deus assume as palavras do profeta como suas. Elas fazem parte da Palavra de Deus.

Diálogo de síntese
Se eu fosse falar, em nome de Deus, para as pessoas que fazem parte da ilustração que eu apresentei ou do fato que contei, o que eu diria?

Subsídios de apoio

Bibliografia utilizada

CAZELLES, H. *História política de Israel*. São Paulo, Paulus, 1986. pp.176-193.

DONNER, H. *História de Israel e dos povos vizinhos*. Petrópolis, Sinodal/Vozes, 1997. v. 2, pp. 273-387.

BALANCIN, E. M. *História do povo de Deus*. São Paulo, Paulus, 1989. pp. 58-96.

BRIGHT J. *História de Israel*. São Paulo, Paulus, 1978. pp. 302-447.

Bibliografia de apoio

AUTH, Romi; DUQUE, Maria Aparecida. *O estudo da Bíblia em dinâmicas: aprofundamento da Visão Global da Bíblia*. São Paulo, Paulinas, 2011. pp. 144-158.

BALANCIN, E. M. *História do Povo de Deus*. São Paulo, Paulus, 1990.

BRIGHT, J. *História de Israel*. 7. ed. São Paulo, Paulus, 2003.

CAZELLES, H. *História política de Israel*: desde as origens. São Paulo, Paulus, 1986. pp. 176-193.

DONNER, H. *História de Israel e dos Povos Vizinhos I-II*. 4. ed. São Leopoldo, Sinodal/Vozes, [1997] 2006.

KESSLER, R. *História Social do Antigo Israel*, São Paulo, Paulinas, 2009. pp. 153-165.

LOWERY, R.H. *Os Reis Reformadores*. São Paulo, Paulinas, 2004.

Recursos visuais

CASTRO, J. F. M. Transparências de mapas e temas bíblicos para retroprojetor. São Paulo, Paulinas, 2001.

JEREMIAS. Direção de: Harry Winerr. São Paulo: Flash Star Home Vídeo, 1998. 94 min.; color

Sumário

APRESENTAÇÃO 5

METODOLOGIA 7

INTRODUÇÃO 11

1º TEMA – A RELIGIÃO MANIPULADA A SERVIÇO DO PODER 13

   Retomando o caminho feito 14
   Exigências éticas da Aliança. "Não adianta nem tentar me esquecer..." 16
   Roteiro para o estudo do tema 22

2º TEMA – NA DESCOBERTA DA PALAVRA DE DEUS, A ALEGRIA DA VIDA NOVA 25

   "Tudo está no seu lugar, graças a Deus!" Graças a Deus? 26
   Cronologia dos reis de Judá 27
   A causa da queda: os cultos cananeus a Baal 28
   As viradas na política 29
   Tentativa de reforma: retomada da subida 30
   Voltam a impiedade e a violência 31
   De novo para cima: a reforma de Josias 32
   Um grande achado! 33
   Um balde de água fria 34
   Começa o fim 35
   A queda definitiva 37
   Os abalos nas instituições de Judá 38
   Os sincronismos na cronologia dos reis de Israel e de Judá 42
   Como eram contados os anos de reinado entre os povos vizinhos de Israel? 43
   Roteiro para o estudo do tema 44

3º TEMA – DEUS ASSUME COMO SUA A PALAVRA DAQUELES
QUE TESTEMUNHAM A ALIANÇA 45

   Os profetas do Sul 46
   Os escritos da época do reino de Judá 52
   Escritos sobre a época 59
   Conclusão 59
   Roteiro para o estudo do tema 62

SUBSÍDIOS DE APOIO 63